Jolan Neufeld

Dostojewski

Skizze zu seiner Psychoanalyse

Verlag
der
Wissenschaften

Jolan Neufeld

Dostojewski

Skizze zu seiner Psychoanalyse

ISBN/EAN: 9783957001511

Auflage: 1

Erscheinungsjahr: 2014

Erscheinungsort: Norderstedt, Deutschland

Hergestellt in Europa, USA, Kanada, Australien, Japan
Verlag der Wissenschaften in Hansebooks GmbH, Norderstedt

Cover: Foto ©Birgit Winter / pixelio.de

IMAGO-BÜCHER / IV

DOSTOJEWSKI

SKIZZE ZU SEINER
PSYCHOANALYSE

VON

JOLAN NEUFELD

INTERNATIONALER PSYCHOANALYTISCHER VERLAG
LEIPZIG / WIEN / ZÜRICH
1923

Hätten Krieg und Revolution das autokratische Rußland nicht vernichtet, so hätte Rußland unter Teilnahme
der ganzen gebildeten Welt 1921 den hundertsten Geburtstag Dostojewskis gefeiert. Das bolschewistische Rußland
huldigt einer so konservativen Autorität natürlich nicht,
und so unterblieben nicht nur all die Festlichkeiten, mit
denen die literarische Welt den größten Dichter Rußlands feiern wollte, sondern auch die Memoiren und
Biographien, die die noch lebenden Mitglieder der Familie
Dostojewski zu diesem Anlasse schrieben oder schreiben
wollten, erschienen nicht. Nur die Tochter des Dichters,
Aimée Dostojewski, gab ihre Erinnerungen an den berühmten Vater heraus.* Dieselben sind für den Psychoanalytiker von keiner großen Bedeutung, da Aimée Dostojewski alle Eigenschaften und Eigenheiten Dostojewskis
aus dem Umstande ableitet, daß er einer litauischen Familie
entstamme, also das Blut der Normannen in seinen Adern
rolle. Für die Dauer ist diese gezwungene Ableitung des
väterlichen Charakters durchaus unbefriedigend und sogar
abgeschmackt; doch hat das Buch den großen Vorteil,
daß es die Aufmerksamkeit auf die Familienverhältnisse des
Dichters lenkt. Aufmerksam gemacht auf die so eigenartigen

---

*) „Dostojewski". Geschildert von seiner Tochter A. Dostojewski. Verlag
Ernst Reinhardt, München 1920.

Umstände, die das bewegte und ereignisreiche Leben Dostojewskis bestimmten, mußte es auffallen, daß diese Ereignisse einem widerspruchsvollen und rätselhaften Charakter entspringen. Man muß erstaunt fragen: wie ist es möglich, daß ein Mensch so loyal gesinnt ist, wie es Dostojewski war und dabei an einer Verschwörung gegen den Zaren teilnimmt? Wie kann jemand tief religiös und zugleich absolut ungläubig sein? Woher kommt es, daß ein Mensch, der mit jeder Nervenfaser an seiner Heimatsscholle klebt, Monate, ja Jahre im Auslande verbringt? Woher kommt es, daß er dem Gelde ununterbrochen nachjagt, um es dann wie etwas vollkommen Wertloses zum Fenster hinauszuwerfen? Wie das Leben, so ist auch die Dichtung Dostojewskis enigmatisch. Rätselhafte Charaktere, entgleiste Perverse sind die Helden seiner Romane und geben uns Rätsel über Rätsel auf, die mit der Bewußtseinpsychologie überhaupt nicht lösbar sind. Der Zauberschlüssel der Psychoanalyse aber sprengt die Schlösser, die diese Rätsel wahren und gewährt uns Einblick in den Charakter und die Dichtungen Dostojewskis. All das Widerspruchsvolle und Rätselhafte erklärt die psychoanalytische Einsicht: Es ist ein ewiger Ödipus, der dieses Leben lebte und diese Werke dichtete, ein Mensch, der mit seinem Ödipuskomplex nie endgiltig fertig wurde.

Die Familienverhältnisse Dostojewskis boten Anlaß genug dazu, um aus einem reizbaren, von unbegrenzter Eigenliebe beherrschtem Kinde, wie es der Dichter seiner eigenen Aussage nach war, einen Ödipus zu machen. Seine Mutter ist eine kleine Kaufmannstochter aus Moskau. Dostojewski sagt von ihr, daß sie die Unterwürfigkeit,

Nachgiebigkeit, Geduld und Hingebung in Person gewesen sei. Es sind dies die Tugenden einer Gattin, und Aimée Dostojewski erzählt tatsächlich, daß der Gatte die junge Frau erzog und daß dieselbe mit unbegrenzter Hochachtung an ihrem Manne hing. Die zarte Gesundheit und fortschreitende Tuberkulose warf sie oft aufs Krankenlager, auch ihre Kinder mußte sie von Ammen ernähren lassen, mit Ausnahme ihres ersten Sohnes Michail, den sie selbst nährte und den sie nach den eifersüchtigen Bemerkungen des Dichters auch am meisten liebte. Dennoch saß der Dichter oft stundenlang an ihrem Krankenbette, pflegte und zerstreute sie und las ihr vor. Dostojewski mußte also die Liebe der Mutter mit zwei glücklicheren Konkurrenten, mit Vater und Bruder teilen. Dostojewskis Vater übte auf die Charakterentwicklung einen ungleich größeren Einfluß aus. Michail Dostojewski kann mit einem Begriffe, den die Psychoanalyse schuf, erschöpfend charakterisiert werden, er war ein analer Charakter. Heftig, aufbrausend, mürrisch, pedantisch und kleinlich, dabei krankhaft geizig.

Nach dem früh erfolgten Tode seiner Gattin nimmt sein Alkoholismus immer mehr überhand und damit treten die sadistischen Züge seines Charakters immer schärfer hervor. Er verfolgt seine Töchter mit unwürdigen Verdächtigungen, seine Söhne mit Mißtrauen, Heftigkeit und Geiz, gibt seine Stelle, die er als leitender Arzt am Marienhospital in Moskau innehatte, auf, zieht auf sein Landgut Darowoje, wo er seine Leibeigenen, die er stets streng behandelte, derart brutalisierte, daß sich diese endlich rächten. Eines Tages fuhr er auf sein anderes Landgut

Tschermasnja, der Kutscher entwischte mit dem Wagen und man fand den Gutsherrn im Graben der Landstraße erdrosselt. Die Leibeigenen gestanden bei ihrer Verhörung, daß es ein Racheakt war. Wie aber auch der väterliche Charakter gewesen sein mag, immerhin erzog Michail Dostojewski seine Söhne, besonders die zwei älteren, Michail und Fjodor, mit der größten Sorgfalt. Die Erziehung, die er ihnen zuteil werden ließ, war eigentümlich genug. Die Knaben besuchen zuerst das Suchardische und dann das Tschermakische Privatinstitut, weil dort der Unterricht viel intensiver war. Im Wagen werden die Knaben zur Schule gebracht und ebenso kehren sie wieder nach Hause zurück. In den Werken Dostojewskis finden wir keine einzige genaue Beschreibung seiner Vaterstadt, weil Dostojewski diese eben gar nicht kennt. Der Verkehr mit Altersgenossen, lärmendes Spiel ist ihnen strengstens untersagt. Nur in Begleitung der Eltern gehen die Knaben abends im nahen Marienhain spazieren, der Vater benützt die winkeligen Gassen, die dahinführen, um den Knaben die Begriffe der geometrischen Winkel anschaulich zu machen. Die unterwegs gefundenen Steine und Pflanzen geben Stoff zu botanischen und mineralogischen Erklärungen. Abends liest der Vater die russische Geschichte von Karamsin, die heilige Schrift oder Geschichten aus dem Leben der zahllosen russischen Heiligen vor. Den lateinischen Unterricht erteilt der Vater selbst. Während die Kinder dem Unterrichte der übrigen Lehrer sitzend zuhören durften, mußten sie stehend, ja ohne sich anzulehnen, — wie die kleinen Ölgötzen, sagt Andrej, der jüngere Bruder des Dichters in seinen Erinnerungen —

dem Unterrichte des Vaters folgen, seine jähzornigen Ausbrüche lassen sie erbeben. Auch Dostojewski teilte das
Schicksal vieler Menschen, deren Vater zugleich ihr
Lehrer war; die väterliche Autorität, durch die Autorität
des Lehrers verstärkt, fixierte den Knaben dermaßen
an den Vater, daß er nie im Leben von dieser Bindung
loskommen konnte. Der kleine Knabe haßt seinen Vater,
den glücklicheren Konkurrenten bei der Mutter, bitter,
wie wir dies später beweisen wollen, aber eben dieser
Vater war ihm anderseits auch das hohe Ideal, dem er
durch das ganze Leben nachstrebte, ohne je zu hoffen,
daß er es erreichen könnte.

Die Fixierung an den Vater geht aus zahllosen Zügen
hervor, vor allem aus den Briefen des Dichters, die er aus
der Ingenieurschule an den Vater richtet. Als Staatsbeamter
bekam der alte Dostojewski für alle seine Söhne Freiplätze
in staatlichen Instituten. Dort bekamen die Zöglinge un-
entgeltlich alles Notwendige, allein es scheint in Rußland,
im Lande Potemkins, die Verpflegung nicht einwandfrei gewesen zu sein. Dostojewski erzählt in verzweifelten Briefen
an Vater und Bruder von den Entbehrungen, die er in der
Ingenieurschule erlitt. Während der herbstlichen Waffen-
übungen hat er einziges Paar Stiefel, die vom herbstlichen Regen ganz durchnäßt sind und die er trotzdem
nicht wechseln kann. Er erkrankt vor Hunger und Kälte
und hat keine einzige Kopeke, um sich mit einem Schluck
Tee zu erwärmen. Seine Kleidung schützt ihn nicht vor
den Unbilden der Witterung. Obwohl er genau weiß, daß
sein Vater in sehr günstigen pekuniären Verhältnissen
lebt, zwei Landgüter besitzt und auch ein bedeutendes

Barvermögen zurückgelegt hat und obwohl er voll Er-
bitterung war, schreibt er doch an den Vater nicht nur
ehrfurchtsvoll, sondern fast demütig. „Mein lieber Vater"
schreibt er, nachdem er seine schreckliche Lage geschildert
hat, „Sie werden doch nicht glauben, daß Ihr Sohn, wenn
er Sie um eine Geldunterstützung bittet, um etwas nicht
Notwendiges bittet. Doch ich ehre Ihre Not und werde
daher keinen Tee trinken." Trotz seines aufbrausenden
Wesens macht er seinem Vater nie den leisesten Vorwurf,
wie sehr ihn auch sein Geiz bedrücken mochte.

Über die allzu große Ehrfurcht des Dichters vor seinem
Vater erzählt uns auch Andrej Dostojewski. Als er mit
dem Dichter bereits in dessen höherem Alter einst auf
den Vater zu sprechen kam, da ergriff dieser seinen Arm,
wie er es zu tun pflegte, wenn ihm, was selten geschah,
das Herz aufging und rief: „Ach Bruder, das waren fort-
geschrittene Leute und solche Gatten, solche Familien-
oberhäupter werden wir nie." Man bedenke, daß dieser
Vater seine Söhne mit Strenge und Geiz, seine Töchter
mit unwürdigen Verdächtigungen, seine ganze Familie mit
seinem mürrischen und aufbrausenden Charakter quälte,
nur einem infantil verbliebenen Neurotiker kann ein solcher
Vater als unerreichtes Ideal vorschweben. Alle Erinnerungen
an das Vaterhaus sind durch denselben Affekt gefälscht,
was auch Mereschkowski über die Aufzeichnungen im
Tagebuche eines Schriftstellers bemerkte.

Familienoberhaupt zu sein, wie der Vater, ist ein Ehr-
geiz, der den Dichter durch sein ganzes Leben nicht verläßt. Als er in erster Ehe eine Witwe heiratet, die bereits
einen Knaben hatte, freut er sich ungemein, die „hohe

Würde, Vater zu sein, genießen zu können". Sein früh-
verstorbener Bruder Michail hinterläßt eine sehr zahlreiche
Familie. Der Dichter übernimmt all ihre Schulden, hilft
der Witwe weit über seine materiellen Kräfte, dafür aber
will er unumschränkter Gebieter dieser Familie sein, widersetzt sich der Heirat beider Mädchen, macht den Knaben
Vorschriften über ihre Zukunft und Studien, spielt also
den eigenen Vater.

Daß es nicht nur Großmut und brüderliche Liebe
war, die ihn zu dieser großen Opferwilligkeit bewegte,
geht auch daraus hervor, daß seine eigene Familie zu
gleicher Zeit darbte, ja daß er in Anfällen von Spielwut
den letzten warmen Rock seiner Frau ins Leihhaus trug.
Seine Gefährten im Zuchthause unterrichtet er ebenso,
wie später die Soldaten, mit welchen er in Semipalatinsk
zusammen diente, er ist ihnen also der Vater. Besonders
zeigt sich diese Nachahmung des väterlichen Ideals, als er
seine eigenen Kinder zu erziehen beginnt. Sie beten dasselbe Gebet, das er als Kind gelernt hat, und er kann die Zeit
nicht erwarten, um ihnen vorzulesen, wie es einst bei ihm
der Vater tat. Seine Tochter erzählt in ihren Memoiren
humoristisch, wie der Vater ihr und dem noch jüngeren
Brüderchen, also fünf- und sechsjährigen Kindern die Räuber
Schillers vorliest. Die Kinder fühlen instinktiv, daß dem
Vater an dieser Vorlesung sehr viel gelegen ist, sie versuchen
krampfhaft wach zu bleiben und verständig zuzuhören, das
große Kind Dostojewski muß aber endlich doch einsehen, daß
die Kinder zu solchen Experimenten noch zu jung sind.

Zwei kleine Züge erwähnt auch Aimée Dostojewski, die
sie richtig als Bindung an den Vater erkennt. Sie erwähnt

die Vorliebe des alten Dostojewski für die französische
Sprache, die sein Sohn übernimmt, daher sprechen die
Romanhelden des Dichters das Russische oft mit französischen Floskeln vermischt. Bei russischen Dichtern sollte
diese Eigenheit als natürlich angesehen werden und keiner
Deutung bedürfen, sprechen ja die Helden. Turgenjeffs
oder Tolstojs eine ähnliche Sprache, jedoch sind dies inter-
nationale Menschen, bei Dostojewski gebrauchen ausschließlich Vaterimagines das Französische, z. B. der Vater im
Jüngling, der alte Karamasow, usw.

Der andere Zug, den Aimée Dostojewski erwähnt, ist
ebenfalls bezeichnend. Die strenge Zucht und lieblose Be-
handlung der Schüler war einem so sensiblen Jünglinge,
wie unserem Dichter, eine Quelle steter Bitternisse in der
Ingenieurschule. Als aber die Schüler gegen diese Behand-
lung demonstrieren, ist Dostojewski der Einzige, der an
dieser Demonstration nicht teilnimmt. Die Übertragung
auf die Vaterimagines der Lehrer ist stärker, als die Auflehnung gegen die strenge Zucht und das Solidaritäts-
gefühl.

Haßgefühle gegen den Vater können aber noch in viel
größerer Anzahl aufgezeigt werden. Aimée Dostojewski
erzählt, daß ihrem Vater die Erinnerung an den Vater
während einer langen Epoche seines Lebens so peinlich
war, daß er es überhaupt nicht über sich vermochte, über
seinen Vater zu sprechen. Die ganze Ambivalenz des Knaben
Dostojewski spiegelt sich vollkommen im Romane „Der
Jüngling". Orest Miller und Mereschkowski bringen die
Epilepsie des Dichters ebenfalls mit seinen negativen Gefühlen gegen den Vater in Verbindung. Der erste Biograph

erzählt, als er auf die Krankheit Dostojewskis zu sprechen
kommt, sehr dunkel und zurückhaltend: „Es gibt noch
eine ganz besondere Überlieferung, welche die Krankheit
Dostojewskis auf ein erschütterndes Ereignis, welches im
zarten Kindesalter des Dichters im Familienleben der Eltern
vorgekommen war, in Verbindung bringt. Doch obzwar es
mir von einem durchaus glaubwürdigen und der Familie
des Dichters sehr nahestehenden Menschen mündlich mit-
geteilt wurde, will ich es hier doch nicht wiederholen."
Die durchaus unangebrachte Diskretion des Biographen ist
Schuld daran, daß wir nicht wissen können, welcher Art
das psychische Trauma war, auf welches das Kind so heftig
reagierte, wenn wir aber bedenken, daß Orest Miller die
Sexualität Dostojewskis überhaupt allzu prüde behandelt
und daß in unserer Gesellschaft das Sexuelle als das Un-
anständige und Undiskutierbare behandelt wird, können
wir mit einiger Wahrscheinlichkeit annehmen, daß es sich
um etwas Ähnliches im „Leben der gottesfürchtigen russischen Familie" — wie sie Dostojewski selbst nennt —
gehandelt haben mag.

Mit der negativen Einstellung zum Vater mögen zwei
hysterische Symptome des Kindes- und Knabenalters ebenfalls zusammenhängen. Andrej Dostojewski erzählt, daß sein
Bruder im Alter von ungefähr zehn Jahren an einer Wolfsphobie litt. Es ist wohl nicht unstatthaft, eine Tierphobie
ohneweiters als Furcht vor dem Vater aufzufassen, wenn
wir außerdem bedenken, daß der ängstliche Knabe diese
Halluzination „Der Wolf kommt" in Tschermasnje hatte,
also auf dem Lande, wo er, frei von Pflichten, seinen
Spielen und Träumereien leben konnte, wohin der Vater

der Familie nicht folgte. An dem Ort, wo also der Knabe die mütterliche Zärtlichkeit mit diesem gefürchteten Konkurrenten nicht teilen mußte, wird die Annahme, daß der Angstruf, der Wolf komme, eigentlich die Angst bedeute, der Vater komme, um das Idyll des Sommeraufenthaltes zu stören, wesentlich gestützt erscheinen. Daß Tschermasnje der Ort war, wo sich der Knabe inzestuösen Phantasien oft hingeben mochte, beweist auch der Roman „Brüder Karamasow", am Tag des Mordes fährt der Sohn nach Tschermasnje, um den Vatermord durch sein Fernsein zu begünstigen.

Das andere hysterische Symptom entstand während der Pubertät Dostojewskis, unmittelbar nach dem Tode der Mutter, also um sein sechzehntes Lebensjahr. Nach einer Wagenfahrt zur Kirche konnte er plötzlich erst überhaupt nicht und später nur mit Anstrengung ganz leise sprechen. Die Heiserkeit der Patientin Freuds Dora kann zur Erklärung dieses Symptoms herangezogen werden. Wie Dora wollte vielleicht auch unser Dichter mit niemandem mehr sprechen, nachdem die Einziggeliebte tot war und er das Wort nicht mehr an sie richten konnte. Es mag aber Trotz gegen den Vater ebenfalls eine Rolle bei dieser Krankheit gespielt haben. Freud meint mit Recht, daß jedermann in seinem eigenen Unbewußten ein Instrument besitze, womit er das Unbewußte eines anderen auffasse und da Dostojewskis Vater die Krankheit des Sohnes dadurch zu heilen trachtete und zum Teil auch heilte, daß er ihn von den übrigen Familienmitgliedern vollkommen isolierte, können wir annehmen, daß er die Krankheit des Sohnes unbewußt ebenfalls als Trotz und Auflehnung wertete.

In dieser, an den Vater übermäßig fixierten, zwischen
Liebe und Haß hin- und hergerissenen Seele ruft der
gewaltsame Tod des Vaters eine schreckliche Erschütterung
hervor. Aimée Dostojewski übermittelt uns die Familientradition, daß der Dichter den ersten epileptischen Anfall
in dem Augenblicke bekam, als ihm die Mitteilung von
dem tragischen Tode des Vaters gemacht wurde. Und wenn
dies auch nicht der Wahrheit entspricht, wenn wir diesen
ersten Anfall, gestützt auf Orest Millers Gewährsmann,
auch in das zarteste Kindesalter verlegen, ist es doch unzweifelhaft richtig, daß Dostojewski auf diese Nachricht
mit heftigen Anfällen reagierte. Daß diese Anfälle mit
dem durch die Hiobsbotschaft erlittenen Chok zusammenhängen, beweist die Erzählung eines Jugendfreundes Dostojewskis, des Schriftstellers Grigorowitsch, der in der Ingenieurschule Mitschüler des Dichters war und nach ihrem Aus-
tritt aus dieser Anstalt mit Dostojewski zusammen hauste.
Grigorowitsch erzählt, daß sie bei einem gemeinsamen
Spaziergange unvermutet auf einen Leichenzug stießen.
Kaum erblickte der Dichter den Zug, als er umkehren
wollte, aber schon im nächsten Augenblicke bekam er
einen besonders heftigen Anfall, von dem er sich nur
schwer erholte. Die unbewußten Haß- und Rachegedanken
gegen den Vater mögen bei dem unerwarteten Anblicke
dem Bewußtsein so nahe gekommen sein, daß die Zensur
sich derselben nur mittels einer tiefen Ohnmacht erwehren
konnte.

Ob es sich bei Dostojewski um epileptische oder hystero-
epileptische Anfälle handelte, ist schwer zu entscheiden.
Bemerkenswert ist jedenfalls, daß zu gleicher Zeit eine

ganze Schar anderer, ebenfalls im Ödipuskomplex wurzelnder
hysterischer Symptome, auf die wir gleich näher eingehen
werden, existierten, ferner, daß die Häufigkeit und Intensität der Anfälle zeitlebens sehr variabel und von verschiedenen Umständen abhängig war, daß der Dichter seine
Epilepsie auf das Zuchthausleben zurückführt und von der
Krankheit der Jünglingsjahre als Hysterie spricht und daß
endlich der vom Dichter sehr geliebte und oft zu Rate
gezogene verständige Hausarzt Dr. Janowski behauptete,
daß Dostojewski in seinem Jünglingsalter an einer der
Epilepsie sehr ähnlichen Krankheit litt, die aber keine Epilepsie
war. Auch Aimée Dostojewski erzählt, daß der Dichter einige
Jahre vor seiner Einkerkerung hysterisch wurde.

Die bedeutendsten Symptome dieser Krankheit erzählt
uns der Dichter teils selbst, teils liegen uns glaubhafte Be-
richte von Freunden und Familienmitgliedern vor. Nach letz-
teren soll der Dichter an einer beständigen Furcht gelitten
haben, lebend begraben zu werden. Wenn er sich abends
zur Ruhe begab, legte er auf seinen Tisch stets einen
Zettel mit der Aufschrift: „Heute werde ich in den lethar-
gischen Schlaf verfallen. Begrabet mich nicht vor fünf
Tagen." Die Psychoanalyse aber enträtselte die geheimnis-
volle Angst der Neurotiker vor dem Lebendbegrabenwerden
als Inzestphantasie. Außer dieser quälenden Angst litt der
Dichter um sein zwanzigstes Lebensjahr an hypochondrischen Anfällen. Er selbst sagt darüber in seiner an den
Untersuchungsrichter gerichteten Verteidigungsschrift: „Die
Hälfte meiner Zeit war ausgefüllt durch die Arbeit, die
mich nährte, die andere Hälfte mit hypochondrischen Ein-
fällen." An Hypochondrie und Zweifeln über ihre Lebens-

dauer aber leiden nur solche Neurotiker, die einem ihnen Nahestehenden den Tod gewünscht haben, und dessen Tod bald danach tatsächlich eingetroffen ist.

Nicht nur diese hysterischen Symptome, auch das ganze sexuelle Leben Dostojewskis zur Zeit der Pubertät und der Jünglingsjahre trägt das Gepräge der inzestuösen Bindung an sich. Intime Bekannte und Familienangehörige des Dichters behaupten, daß er vollkommen asexuell war, seine Tochter z. B. überliefert uns die Familientradition, daß der Dichter bis zu seinem vierzigsten Lebensjahre vollkommen abstinent lebte. Sie findet dies vollkommen glaubhaft und erklärt das Phänomen einerseits damit, daß die Männer des Nordens überhaupt schwer reifen, und Epileptiker eine noch mehr verzögerte Entwicklung durchmachen, daß also ihr Vater die volle Geschlechtsreife erst in diesem Lebensalter erreichte. Dr. Riesenkampf, ein Arzt aus Reval, den der ältere Bruder Michail dem Dichter empfahl, und mit dem er lange Zeit zusammen hauste, ein guter Freund, und wie es scheint, auch ein guter Beobachter in gewissen Dingen, schreibt über denselben Gegenstand: „Mit zwanzig Jahren laufen die jungen Leute allen Schönen nach. Nichts dergleichen war an Dostojewski zu bemerken. Er war gegen Frauen gleichgiltig, hatte beinahe eine Abneigung gegen sie." Aimée Dostojewski weiß auch davon zu berichten, daß ihr Vater von seinen Freunden wegen allzu großer Zurückhaltung den Frauen gegenüber oft verspottet wurde. Danach sollen die Freunde, besonders der Liebling der Frauen, Turgenieff, den Dichter lange Zeit hindurch gehänselt haben, daß er in Ohnmacht falle, wenn es gelte, eine Frau zu umarmen.

Neufeld: Dostojewski

Dabei aber fehlt es nicht an Fingerzeigen, wonach
Dostojewski zu dieser Zeit sogar ein ausschweifendes und
perverses Sexualleben führen mochte. Nach seinem ersten
grossen Erfolge schreibt er z. B. einigemale in sehr rosiger
Stimmung an seinen Bruder. In der Randbemerkung eines
aus dieser Zeit stammenden Briefes ohne Datum, schreibt
er: „All die Minchen, Klärchen, Mariannen und dergl.
sind so schön geworden, wie nur denkbar, kosten aber
fürchterliches Geld. Turgenieff und Bielinski haben mich
wegen meines unordentlichen Lebens ausgescholten." . . .
Am 1. Feber 1846 schreibt er wieder an denselben: „Ich
habe auch sonst eine Menge Geld verdient, so daß ich in
kurzer Zeit mehr als dreitausend Rubel verlebt habe. Ich
lebe eben sehr unordentlich, das ist die Sache" und setzt
dann in einer Nachschrift verzweifelt hinzu: „Ich bin so
liederlich, daß ich gar nicht mehr ordentlich leben kann,
ich befürchte den Typhus, oder ein Fieber. Meine Nerven
sind krank." Und wenn uns der ehrfurchtsvolle und ein
wenig beschränkte Biograph Orest Miller auch immer
wieder versichert, daß sich diese Liederlichkeit und Unordnung nur auf pekuniäre Dinge bezieht, paßt die Verzweiflung und Hypochondrie doch sehr wenig zu dieser
Auffassung.

Eine ähnliche Selbstanklage hört übrigens Mereschkowski
aus der Beichte des Helden der „Memoiren aus dem Mause-
loche" heraus, den der Dichter also reden läßt: „Zeitweise
verfiel ich einer dunklen, ekelhaften, nicht Lasterhaftigkeit,
sondern Geilheit. Meine schmutzigen Leidenschaften waren
heftig brennend, infolge ständiger krankhafter Erregung.
Es waren hysterische Anfälle mit Tränen und Krämpfen."

(Hysterische Anfälle von ungemeiner Heftigkeit hatte Dostojewski zu dieser Zeit tatsächlich.) „Ein tiefes Weh überkam
mich, ein hysterischer Durst nach Widersprüchen und
Kontrasten." (Der Wunsch nach dem Ausleben der heftig
drängenden perversen Triebe, und nach Rückgängigmachung
der Verdrängungen und Sublimierungen, können wir annehmen) — „und ich gab mich den gemeinsten Ausschweifungen hin. Ich befriedigte meine Triebe im Ver-
borgenen, nachts, heimlich und furchtsam mit einem
brennenden Schamgefühl, das mich auch in den aller-
ekelhaftesten Augenblicken nicht verließ, um in solchen
Momenten bis zur Selbstverfluchung anzuwachsen."

Wir werden Mereschkowski unbedingt Recht geben,
wenn er behauptet, daß diese Zeilen Beichten, Selbst-
anklagen und Selbstgeißelungen in poetischer Form sind,
und stehen nun vor dem Rätsel, daß der Dichter von
Nahestehenden bald für asexuell, bald für pervers und aus-
schweifend gehalten wird, — und beides wahr zu sein
scheint. Die Psychoanalyse aber kann die Abstinenz, ja
absolute Impotenz der Jünglings- und Mannesjahre mit
der überstarken sexuellen Begierde sehr wohl in Einklang
bringen. In den „Beiträgen zur Psychologie des Liebeslebens"
schreibt Freud, als ob er eben unseren Dichter vor Augen
gehabt hätte, daß bei dem inzestuös Gebundenen die zwei
Strömungen des Liebeslebens, die zusammen ein normales
Liebesleben ausmachen, die sinnliche und zärtliche Strömung nicht zusammengeflossen seien, nachdem das Maß
der Anziehung des infantilen Liebesobjektes so groß ist,
daß die zärtliche Strömung dauernd an dasselbe gefesselt
bleibt. Die Sexualbetätigung solcher Personen muß der

zärtlichen Strömung ausweichen, und es findet eine Beschränkung der Objektwahl statt. Die aktiv gebliebene sinnliche Strömung sucht nach Objekten, die nicht an die verpönten inzestuösen Personen mahnen. Das Liebesleben solcher Menschen bleibt in zwei Richtungen gespalten, die von der Kunst als himmlische und irdische Liebe personifiziert werden. Wo sie lieben, begehren sie nicht, und wo sie begehren, dort können sie nicht lieben.

Nichts könnte das sexuelle Fühlen Dostojewskis besser charakterisieren, wie diese klassische Schilderung der psychischen Impotenz. Es wird im Leben des Dichters eine Periode gegeben haben, und auf diese bezieht sich wohl die erwähnte Hänselei der Freunde, wo er absolut impotent gewesen sein mag. Die unbewußte Fixierung an die Mutter muß so mächtig, die Verdrängung der inzestuösen Wünsche so vollständig gewesen sein, daß sich kein Ausweg in die Realität fand, und es zur Bildung von hysterischen Symptomen, wie die Furcht vor dem Lebendbegrabenwerden, kam. Zu einem späteren Zeitpunkte kamen die Klärchen, Minchen und Mariannen an die Reihe, die er begehren konnte, ohne zu lieben. Dies wissen wir jedoch nicht genau, wenngleich wir uns auf das Zeugnis von Aimée Dostojewski und den Dichter selbst berufen können. Sicher aber ist eines. Nie begegneten einander in der Poesie Dostojewskis die beiden Arten der Liebe. Er kennt entweder die ganz erdfremde, keusche, der schrankenlosesten Selbstaufopferung fähige Liebe, ein Preisgeben jeder egoistischen sexuellen Regung, wie Djewuschin in den „Armen Leuten", wie der Cherum Aljoscha Karamasow, Fürst Myschkin im „Idioten", oder im Gegenteil die brunsttolle Bestie im

Menschen, mit allen perversen, undomestizierten, brutalen Trieben, „die Schweine", wie er sie zu nennen pflegt, wie Swidrigailow in Schuld und Sühne, der alte Fjodor Karamasow, oder Stawrogin in den Dämonen. Diese niedrigsten Ausschweifungen und Perversionen schildert er mit einer solchen Kraft und Kühnheit, mit einer solchen Anschaulichkeit, daß selbst Mereschkowski, dem die psychoanalytische Anschauungsweise vollkommen fern steht, sich zweifelnd fragt: „Hat er dies alles wirklich nur durch äußere Wahrnehmung, durch Beobachtung anderer Menschen erfahren? Selbstverständlich muß man hier vieles auf die Rechnung des Hellesehens des Genies schreiben. Vieles, aber ob auch Alles? Hier ist etwas, was die Grenze der Kunst übersteigt, es ist zu lebendig." „Bemerkenswert ist," sagt Mereschkowski an anderer Stelle, „auch die Tatsache, daß derartige Gestalten in seiner Phantasie überhaupt auftauchen konnten, das Interesse, das Dostojewski der Schändung eines kleinen Mädchens, oder dem Liebesabenteuer des Fjodor Karamasow mit der übelriechenden Lisaweta entgegenbrachte."

Wir können den Bedenken des feinen Psychologen nur beistimmen und seine allzu zaghafte Frage, auf die Ergebnisse der Psychoanalyse gestützt, dahin beantworten, daß der Dichter garnichts anderes kann, als seine eigenen unbewußten Konflikte darzustellen, und wenn Dostojewski die erdenfremde Heiligkeit seiner Helden, und die tiefsten Abgründe der Wollust seiner Antihelden schildert, gewährt er uns Einblick in sein eigenes disharmonisches Seelenleben, in sein Unbewußtes, welches von wilden Trieben, starker Verdrängung und grandiosen Sublimierungsversuchen, die doch zum Teil immer wieder rückgängig gemacht werden, hin- und hergerissen wird.

Unbewußte, und eben deshalb vollkommene Fixierung an die Mutter charakterisiert das psychosexuelle Leben Dostojewskis zur Zeit der Pubertät, und in den ersten Zwanzigerjahren. Die Asexualität des Helden der „Armen Leute" und die paranoisch gefärbte Erotomanie des Herrn Goljädkin, im „Doppelgänger", werfen ein scharfes Licht auf die Einstellung des Dichters zum Problem der Liebe. Doch nicht nur die inzestuöse Bindung an die Mutter steht dem Ausleben der Sexualität im Wege, sondern auch die Fixierung an die väterliche Autorität, welche das Verbot des Inzestes und in weitester Fassung jeder sexuellen Betätigung überhaupt besonders scharf machte, die normale Libido überhaupt nicht aufkommen ließ, und auf Regressionswege zur Perversion, zur „lasterhaften Geilheit" drängte. Die väterliche Autorität, die so dem Ausleben des Liebesbedürfnisses im Wege stand, muß die bereits bestehende ambivalente Einstellung dem Vater gegenüber zum brennenden Hasse im Jüngling geschürt haben, denn dieser Haß ist es, der sich in der Teilnahme an der Petraschefsky-Affaire entlädt, die uns sonst vollkommen unverständlich erscheinen müßte. Wer nur je eine Seite eines Dostojewskischen Romanes gelesen hat, der wird ihn zumindest konservativ nennen müssen. Religion, Zar und Vaterland sind ihm hehre, unantastbare Ideale. Als begeisterter Slawophile ist er jedem Umsturz abhold. Eine leichtfertige Bemerkung über die Religion konnte in ihm jenen unbändigen Haß erwecken, der immer wieder hervorbricht, wenn er auf seinen einstigen Gönner, den be-

deutendsten russischen Kritiker Bjelinski zu sprechen kommt,
dem er doch seinen ersten großen literarischen Erfolg ver-
dankt, und den er dennoch die schmachvollste Erscheinung
des russischen Lebens nennt, bloß wegen seiner Frei-
geistigkeit. Der Materialismus ist ihm ein Greuel. Dem
Sozialismus steht er seiner ganzen Persönlichkeit nach
feindlich gegenüber. Er predigt ja ununterbrochen den
Heroismus der Sklaverei, er verkündet, daß unter den
Russen der Gottmensch erscheinen wird, um die Welt,
die durch den Sozialismus entartet in Tränen und Blut
gebadet ist, wieder zu erlösen. Die andere Backe hinhalten,
wenn man auf die Rechte geschlagen wird, den Nächsten
mehr lieben, als sich selbst, „bis zur brennenden Leidenschaft" — wie er selbst sagt, — das ist es, was er von den
Menschen fordert, und nicht Selbsthilfe. Nichts hält er
für ein so schreckliches Unglück für Rußland, als wenn das
Zarentum aufhörte zu sein. Es ist ohne analytische Einsicht
schlechterdings unverständlich, was ein so veranlagter Mensch
in einer Verschwörung zu suchen hatte, welche die Ab-
schaffung der Autokratie, Freiheit, Gleichheit und Brüder-
lichkeit, also Ideen, die Dostojewski in den Tod zuwider
waren, bezweckte. Nur der Vaterkomplex erklärt sein Verhalten, denn im Unbewußten bedeuten Vater und Zar
(Kaiser) dieselbe Person, wie uns dies aus zahlreichen
Träumen gesunder und neurotischer Individuen, aus Mythen
und Märchen, geläufig ist. Hinter dem Tyrannen, den
Dostojewski um der Freiheit willen aus dem Wege räumen
will, steckt der gehaßte Vater, der den inzestuösen Wünschen
des Sohnes im Wege steht, und daher fortgeschafft werden
soll. Der unbewußte Gedankengang, daß Vater und Zar

dieselbe Person bedeuten, war Dostojewski besonders naheliegend, nennen doch die Russen ihren Zaren „Väterchen"
und war ja dieser Despot noch vor Kurzem mit der ganzen
Machtvollkommenheit des Vaters in einer patriarchalischen
Gesellschaftsordnung ausgestattet; Dostojewskis Vater aber
war, wie wir bereits erwähnten, ein strenger und mit
großer Machtvollkommenheit ausgestatteter Herrscher seiner
Familie. Der Anschlag auf das Leben des Zaren ist also
der Vatermord, zu welchem den Dichter einerseits die
inzestuöse Bindung, anderseits der große Druck, den der
väterliche Geiz zeitlebens ausübte, unbewußt drängt.

Die erschütterndsten Seiten seines größten Romanes,
„Brüder Karamasow" beweisen diese Annahme vollgiltig.
Vor allem die Stoffwahl. Ein alter, trunksüchtiger, aus-
schweifender Vater, dessen Geiz den Söhnen das Leben
verbittert, und der dazu der gehaßte und gefürchtete
Nebenbuhler seines Sohnes ist, wird von einem seiner
Söhne getötet, während jedoch auch die übrigen drei den
väterlichen Tod nicht nur wünschen, sondern auch her-
beizuführen trachten. Also eine vollkommene Analogie
mit der Situation, die wir bei unserem Dichter nach em-
pfangener Todesnachricht annehmen. Interessant ist, daß
Dostojewski drei Brüder besaß, und im Romane der Karamasows ebenfalls vier Brüder nach dem Leben des Vaters
trachten. Einen anderen interessanten Beweis bildet der
Umstand, daß Dostojewski zeitlebens nach epileptischen
Anfällen an Gewissensbissen litt, die Vorwürfen entstammten, als hätte er jemanden ermordet. Über den eigentlichen Mörder des Fjodor Karamasow legt der Dichter
dem Staatsanwalt, der an das Verbrechen Smerdjakows

keinesfalls glauben will, folgende Rede in den Mund:
„Die an starker Fallsucht Leidenden sind nach Ansicht
der größten Psychiater zu einer ständigen und selbstverständlich krankhaften Selbstbeschuldigung geneigt. Sie
quälen ihre Seele mit irgend einer Schuld, leiden an Gewissensbissen oft ohne Grund, übertreiben in vielen Dingen,
und ersinnen sogar verschiedene Verbrechen, die sie niemals begangen haben." Aber der Staatsanwalt ist im Irr-
tume, denn Smerdjakow ersinnt diese Selbstbeschuldigung
nicht, er ist ja tatsächlich der Mörder, es ist also, als ob
der Dichter zu seinen Gewissensbissen die Tat, der dieselben gelten, hinzuphantasiert hätte. Dostojewskis guter
Freund, der Kritiker Strachoff erzählt hierüber, daß „der
Gemütszustand des Dichters nach einem epileptischen Anfalle ein sehr bedrückter war, er konnte seinen Kummer
und eine gewisse gesteigerte Sensibilität kaum überwinden.
Das Wesen dieses Kummers bestand nach seinen eigenen
Worten darin, daß er sich als Verbrecher empfand, und
den Wahn nicht abschütteln konnte, eine unbekannte
Schuld, ein ungeheueres Verbrechen laste auf ihm."

Demgegenüber behauptet die Psychoanalyse, daß die
Gewissensbisse des Neurotikers nie eigentlich unbegründet
sind, sie erscheinen bloß so, weil der triftige Grund dem
Bewußtsein entzogen im Unbewußten lebt. Natürlich sind
in vielen Fällen diese Gewissensskrupel nur durch das
Vergrößerungsglas des neurotischen Gewissens betrachtet,
berechtigt, wo das Gesetz von der Vollgiltigkeit der psychischen Realität in Anwendung kommt. Für die Psychoanalyse aber bedeutet die Tatsache, daß Dostojewski den
Vatermörder an Epilepsie leiden läßt, an welcher Krankheit

er selbst litt, sowie, daß dem Dichter und der von ihm
erfundenen Gestalt die Gewissenspein gemeinsam ist, einerseits die Identität des Dichters mit Smerdjakow, anderseits,
daß die Gewissensbisse Dostojewskis nach einem Anfalle
unbewußten Mordgedanken entstammen.

Wahrscheinlich hat Dostojewski Recht, wenn er zwischen
epileptischen Anfällen und Gewissensskrupeln eine Kausal-
verbindung zu finden wähnt, dies hängt jedoch wohl damit
zusammen, daß im postepileptischen Dämmerzustande das
Unbewußte sich vernehmbarer äußert, der Druck der
Zensur weniger intensiv ist, und darum das Gewissen als
verdrängende Instanz sich ebenfalls hörbarer äußern muß.

Ob der aus dem Ödipuskomplex stammende Mordimpuls gegen den Vater nur im Unbewußten des Dichters
lebte, und sich nur anläßlich epileptischer Anfälle regte?
Wer könnte diese Frage mit Bestimmtheit beantworten?
Interessant ist jedoch, daß der Dichter Iwan Karamasow
vor Gericht den Ausruf in den Mund legt: „Wer von
uns ist es, der seinen Vater nicht hätte ermorden wollen!"
Was aus der üblichen Verallgemeinerung ins Spezielle
übersetzt lauten würde: „Ich wollte meinen Vater töten."

Der Roman der Karamasows bietet für die Annahme des
Mordimpulses gegen den Vater noch weitere Stützpunkte.
Aus analytischen Forschungen ist es uns wohl bekannt,
daß der Dichter eigentlich die miteinander ringenden
Strebungen seines Unbewußten in den Geschöpfen seiner
Phantasie zur Darstellung bringt, und so sind die vier
Brüder, die den Tod des Vaters herbeisehnen, (übrigens
auch der Vater, wie wir später zeigen werden), Abspal-
tungen des Charakters Dostojewskis. Auch bewußt wollte

der Dichter sich selbst in den vier Brüdern schildern, was sehr wohl erkennbar ist, und auch von seiner Tochter wahrgenommen wurde.

Mitja, der Enthusiast, der schuldig-unschuldige Mörder, gleicht Dostojewski in vielen Stücken. Er ist Soldat, wie es der Dichter zur Zeit des Todes seines Vaters war, ist großmütig und erregbar, Eigenschaften, die der Dichter sich selbst zuschreibt. Er hat an seinen Vater zwei Forderungen zu stellen, er verlangt Geld, das ihm ungerechterweise vorenthalten wird, wie dem Dichter selbst, und die Einziggeliebte, d. h. in der Sprache des Unbewußten die Mutter. Die Identität des Dichters mit dem Vatermörder geht schon aus diesen Dingen hervor. Ein weiterer gemeinsamer Zug ist die Verschwendungssucht. Mitja wird als Mensch charakterisiert, der mit Geld absolut nicht umzugehen weiß, dieselbe Eigenschaft aber wird unserem Dichter nachgesagt. Aimée Dostojewski erzählt, daß ihr Vater ungemein verschwenderisch war, man nannte ihn den Henker des Geldes. In Familien- und Freundeskreisen sind viele Anekdoten über seine Verschwendungssucht erhalten. Besonders liebte es der Dichter, Delikatessen für den Nachtisch einzukaufen, und gab bei dieser Gelegenheit zur großen Freude seines Töchterchens und zum noch weit größeren Ärger seiner Frau bedeutende Geldsummen aus. Plotnikow hieß der Kaufmann, bei dem er diese Einkäufe besorgte, und denselben Namen trägt der Kaufmann, bei dem Dimitrij eine Unmenge von Delikatessen einkauft, in jener Nacht, als er hinging um den Vater zu ermorden, statt dessen aber nur den alten Diener verletzte, und dann zur Geliebten fährt, um sie dem Vater abspenstig zu machen.

Iwan Karamasow ist bewußt und unbewußt ebenfalls ein Selbstporträt. Er ist die Verkörperung des Epikureismus, des Unglaubens und des Materialismus, deren sich der Dichter zur Zeit des väterlichen Todes zeiht. So wie er Iwan beschreibt, wollte er mit zwanzig Jahren ausgesehen haben, so wenigstens berichtet uns Aimée Dostojewski. Den Dolch zum Morde des alten Karamasow hat Iwan geschärft, wenn er auch nicht selbst zustößt, und es ist keinesfalls ein Zufall, daß Dostojewski seinen Helden am Tage des Mordes gerade nach Tschermasnje fahren läßt, damit Smerdjakow den Mord ungestört verüben könne, denn so hieß, wie erwähnt, das Gut, auf welchem der alte Michail Dostojewski von seinen Leibeigenen ermordet wurde. Ist es nicht, als ob der Dichter damit unbewußt ausdrücken wollte: „Ich war es, der den Vater aus Eifersucht und Habgier in Tschermasnje ermordete, wenn ich das Messer auch nicht selbst führte."

Im Walde von Tschermasnje bekam Dostojewski, wie bereits erwähnt, die Wolfsphobie, hier müssen ihn unbewußte Mordgedanken gegen den Vater stark beschäftigt haben. Andrej Dostojewski erwähnt, daß der Dichter hier besonders gerne hauste, befreit vom lästigen Zwange des Lernens und der väterlichen Autorität. Oft legte der zehnjährige Knabe den Weg von Darowoje nach Tschermasnje allein zurück, um einen Auftrag seiner Mutter auszuführen oder zu überbringen. Es ist mehr als wahrscheinlich, daß seine schon damals überwuchernde Phantasie ihm das Bild vorgaukelte, daß es schön wäre, wenn es immer so bliebe wie im Sommer, wenn der Vater stets abwesend (tot) wäre, und er allein mit der Mutter, als ihr Helfer und ihre Stütze (Gatte) zusammenleben könnte.

Smerdjakows Identität mit dem Dichter beweist außer den Gewissensbissen auch die Epilepsie, die Dostojewski ihm andichtet. Während Smerdjakow so die niedrigsten Instinkte des Dichters, gleichsam sein Unbewußtes, personifiziert, stellt Aljoscha die bewußten ethischen Strebungen der ringenden Seele dar. In ihm zeichnet er den Menschen, der erlöst und Erlösung findet, wie auch der Dichter durch die Schaffung dieser Gestalt die eigene Erlösung von den Ungeheuern seines Unbewußten anstrebt. Trotzdem ist auch Aljoscha ein Karamasow, auch in seinem Blute wühlt das Insekt der Wollust, und was besonders bedeutsam ist — auch er kennt den Impuls des Vatermordes.

Der große Roman des Vatermordes blieb unbeendet. Der Dichter gibt uns eigentlich nur die Einleitung, den Vaterkomplex selbst, bleibt uns aber mit dem zweiten Teile, in welchem die Brüder den Komplex zu überwinden lernen, schuldig, weil er diese Arbeit eben selbst nie leisten konnte. Die Frage bleibt eigentlich offen, ob Mitjas Charakter dauernd verändert bleiben wird, ob er stark genug sein wird, das Kreuz auf sich zu nehmen, auch Iwan soll ein Anderer werden, wenn er sich vom Krankenlager erhebt, auf welches ihn sein Mordwunsch hingeworfen hat, die Veränderung selbst aber beschreibt der Dichter nicht. Und selbst Aljoscha der Heilige muß dem Befehle des weisen Sossima gemäß noch jahrelang in der Welt leben, d. h. mit seinem Ödipuskomplex weiterkämpfen, ehe er denselben endgiltig überwinden lernt.

Auch Aimée Dostojewski bemerkt einzelne gemeinsame Züge zwischen den Geschöpfen der Phantasie des Dichters und seinem Charakter, nur ist ihr der Grund hiefür unbekannt, da sie von den unbewußten Determinanten des dichterischen Schaffens nichts weiß. Unter anderem lenkt sie unsere Aufmerksamkeit auf die identischen Züge Dostojewskis mit den erdichteten Eigenschaften des alten Fjodor Karamasow. Nachdem sie feststellt, daß der Alte ein ziemlich getreues Porträt des alten Michail Dostojewski ist, jedoch auch Charakterzüge aufweist, die ihr Großvater nicht besaß, meint sie: „Interessant ist auch, daß mein Vater dem alten Karamasow seinen eigenen Namen ‘verleiht.“ Die Psychoanalyse, die an der strengen Determination jedes psychischen Geschehens festhält, wird dies ebenfalls sicherlich für keinen Zufall halten, wie ja übrigens die Tatsache, daß der Name eines Menschen etwas Wichtiges bedeutet, auch dem Nichtanalytiker geläufig ist. So weist z. B. Goethe seinen Freund Herder scharf zurecht, weil dieser sich auf den Namen Goethes ein nicht sehr geschmackvolles Wortspiel erlaubt, und auch der Volksglaube weiß davon, daß man einen Mondsüchtigen nicht beim Namen anrufen darf. Daß wilde Völker den Namen für etwas besonderes halten, ist uns aus zahlreichen Beispielen ebenfalls bekannt. Daß also der alte Karamasow den Namen des Dichters trägt, welchen Taufnamen nach russischer Sitte alle vier Söhne ebenfalls tragen, bedeutet soviel, als daß der alte Karamasow nur bewußt ein Porträt von Dostojewskis Vater ist, unbewußt aber auch den Dichter selbst bedeutet. Sind die hervorstechendsten Charakterzüge Fjodor Karamasows, wie Geiz, Trunksucht, dem väterlichen Charakter entnommen, wissen die Biographen nichts von einem ausschweifenden Lebenswandel des Vaters unseres Dichters, ja Aimée Dostojewski bemerkt dazu direkt, daß

dies kein treues Porträt ihres Großvaters sei, da er ein
treuer Gatte und guter Vater gewesen sei. Was bedeutet
also dieser auffällige Charakterzug Fjodor Karamasows?
Dieser ist, wie jedes psychische Geschehen, überdeterminiert,
es ist anzunehmen, daß der infantil verbliebene Neurotiker
das eheliche Leben des Vaters als Unzucht auffaßt, wichtiger
aber ist, daß sich der Dichter selbst des Fehlers der „lasterhaften Geilheit" zeiht, also in jenem „Fjodor" eigentlich
sich selbst portraitiert. Daß übrigens Dostojewski den elter-
lichen Verkehr tatsächlich als Unzucht auffaßte, beweist, daß
die meisten seiner Frauengestalten, auch solche, die augen-
scheinlich Mutterimagines sind, wie Sonja in Raskolnikow,
Mastascha in den Beleidigten und Erniedrigten, die Heldin
der „Armen Leute", die Mutter des Arkadij Markarowitsch im
„Jüngling" alle entweder Prostituierte oder Gefallene sind.
Der große Roman der Karamasows beschäftigte Dostojewski jahrzehntelang. Unvollendete Romane enthalten Teile,
die diesem seinem Schwanengesang einverleibt wurden, aus
Briefen, die er aus seinem viele Jahre lang dauernden
letzten Auslandsaufenthalte schrieb, klingt uns immer wieder
diese Melodie entgegen, d. h. der Mordimpuls gegen den
Vater beschäftigte das Unbewußte und die Phantasie Dostojewskis sein ganzes Leben hindurch. Vor der Petraschewski-
Affäre erkennen wir den unbewußten Mordwunsch aus
den erwähnten neurotischen Symptomen, nach der Verhaftung, und während der ein Jahrzehnt dauernden Straf-
zeit an seinem ganzen Verhalten, nach verbüßter Strafe
an jeder Zeile, die er schrieb. Es ist, als ob das ganze
Leben des Dichters mit dem Kampfe gegen diesen einen,
übermächtigen Trieb vollkommen ausgefüllt gewesen wäre.

Das unendliche Schuldbewußtsein empfand die Verhaftung direkt als Erleichterung, nur dies kann das sonst unerklärliche Verhalten des Dichters während dieser Zeit erklären. Seine Frau schrieb seine Aussage in ihr Tagebuch, daß er irrsinnig geworden wäre, hätte ihn die Verhaftung davor nicht behütet. Aimée Dostojewski erzählt, daß ihr Vater einige Jahre vor der Verhaftung an schweren hysterischen Symptomen krankte. Er mied jede Gesellschaft, irrte tagelang allein auf den Straßen umher, sprach laut mit sich selber, und konnte kaum mehr arbeiten. Über die übrigen neurotischen Symptome, die Furcht vor dem Lebendbegrabenwerden, die Hypochondrie, die Schlaflosigkeit, und die gehäuften hystero-epileptischen Anfälle, sprachen wir bereits. Im Augenblicke der Verhaftung verschwinden all diese Symptome wie mit einem einzigen Schlage. Er wird vollkommen ruhig, klagt fast nur über Hämorrhoiden und wird psychisch völlig normal, wo kräftige und ganz geistesgesunde Kameraden schwere psychische Störungen davontrugen. In der Novelle: „Der kleine Held“, welche er während seiner Untersuchungshaft in den Kasematten der Peter-Paul-Festung schrieb, ist soviel Lebensfreude und Sonnenschein, als ob sie an einem lachenden Maitage unter blühenden Bäumen auf grünem Rasen geschrieben worden wäre, und nicht im feuchten Kerker, wohin den ganzen Sommer über kein Sonnenstrahl leuchtete.

Wohl soll er vom Todesurteile, das so theatralisch inszeniert wurde, einen Choc fürs Leben davongetragen haben, aber eigentlich ist außer einigen Reflexionen im „Idioten“ darüber nicht viel zu bemerken. Als er nach vier Jahren Zuchthaus seinem Bruder über die Erlebnisse dieser

schrecklichen Epoche berichtet, kommt er auf jenen Weihnachtsabend zu sprechen, an welchem er in Ketten gelegt
wurde, die er vier Jahre nicht ablegen durfte. Er schreibt:
„Weißt Du noch, mein Teurer, wie wir uns getrennt
haben? Gerade um Mitternacht wurden mir am Weihnachtsabend zum ersten Male Fesseln angelegt. . . . Da man gewöhnlich vor jedem neuen Lebensabschnitt eine besondere
Lebendigkeit und Rüstigkeit empfindet, so war ich im
Grunde durchaus ruhig." Dann erzählt er ausführlich von
der angenehmen Fahrt im Schlitten und dem ausgezeichneten Appetit, dessen er sich unterwegs erfreute. Ein
Freund der beiden Brüder Dostojewski, der ihn mit Michail
Dostojewski an diesem Weihnachtsabende besuchte, schreibt
über das Verhalten des Dichters: „Man hatte den Eindruck,
als ob dieser Mensch die ihm bevorstehende Zuchthausstrafe, (von der er eine Kostprobe bereits in den Kasematten
der Peter-Paul-Festung bekommen hatte) wie eine Vergnügungsreise ins Ausland behandelte." In seinem oben
zitierten ersten Briefe schreibt er seinem Bruder Michail:
„Wenn Du glaubst, daß ich noch immer hypochondrisch,
reizbar und mißtrauisch bin, so bist Du im Irrtum, nicht
eine Spur ist mir davon geblieben." Aimée Dostojewski erzählt viel darüber, daß der Dichter in Familien- und
Freundeskreisen oft erwähnte, daß er die Zuchthausarbeiten als Gymnastik betrachtete, die geeignet dazu sei,
ihn körperlich zu kräftigen und daß er gerne Alabaster zerstampfte, Bäume fällte, Holz trug, Ziegel schleppte, daß
dies seiner schwächlichen Gesundheit von großem Nutzen
war. Wenn aber Dostojewski die Qualen der Einzelhaft in
der Festung, bei unendlichen Entbehrungen und Strapazen,

den ekelhaften Schmutz des Zuchthauses nicht nur ertrug, sondern an Leib und Seele gekräftigt aus dieser Hölle hervorging, wo andere blühende Menschen, wie z. B. der mit ihm verurteilte Edelmann Durow, gleich einer Kerze verlöschten, so ist das nur damit erklärlich, daß er im Zuchthause die unbewußten Mordgedanken unbewußt sühnt, daher all diese Entbehrungen, Leiden und Strapazen mit einem hohen Lustgefühle einhergehen.

Die Familie Dostojewskis weiß nach der Erzählung des jüngeren Bruders, Andrej Dostojewskis, eigentümlicherweise von einer Prophezeihung des alten Michail Dostojewski, daß der Dichter ins Zuchthaus kommen werde. Er soll, wenn der junge Dostojewski wie ein Feuerbrand im väterlichen Hause herumgewirbelt war, und gar zu freie Ansichten verfocht, oft gerufen haben: Ei, ei, Fedja, gib acht, daß dir die rote Mütze, (das Abzeichen der sibirischen Strafkompagnien) nicht auf den Kopf gesetzt wird. Wie so viele Prophezeihungen, mag ja vielleicht auch diese, eine nachträgliche sein, sollte sie aber auf Wahrheit beruhen, was bei der Einfachheit und Lauterkeit des Charakters Andrej Dostojewskis wahrscheinlich erscheint, so mag sie dem Sühnebedürfnisse des Sohnes nicht wenig Nahrung gegeben haben. Jedenfalls ist an dieser Prophezeihung interessant, daß sie die Zuchthausstrafe mit der Auflehnung gegen den Vater, (allzufreie, revolutionäre Ansichten) in Verbindung bringt.

Das große Sühnebedürfnis geht auch daraus hervor, wie er sein Vergehen selbst auffaßte. Als er nach einem Jahrzehnt endlich nach Europa zurückkommen durfte, wurde im Freundeskreise oft über die unmenschliche Strenge dieser Strafe, und über die Unschuld des Dichters gesprochen, ja einer seiner Freunde verfaßte sogar ein Gedicht auf seine unverdienten Leiden. Dostojewski aber meinte bei dieser Gelegenheit: „Nein, die Strafe war verdient, denn ich habe gegen die Regierung böse Absichten gehabt." Ein anderesmal motiviert er seine Meinung damit, daß derjenige, der dem russischen Volke den Zaren wegnehmen will, nicht hart genug bestraft werden kann. Damit rationalisiert er aber bloß sein aus dem Ödipuskomplex entstammendes Schuldbewußtsein, und auch durch diese Motivierung schimmert noch der unbewußte Gedankengang hindurch, daß der Mord, den man am Zaren verübt, als Vatermord gewertet werden müsse. Daß Dostojewski sich tatsächlich als Vatermörder betrachtete, und sich eigentlich nie für einen politischen Verbrecher hielt, geht auch aus seinem berühmten Zuchthausromane „Aufzeichnungen aus einem toten Hause" hervor. Der Roman ist in Ichform geschrieben, und die Hauptperson ist ein offenkundiges Selbstporträt. Die Tat aber, wegen welcher der Held ins Zuchthaus gerät, ist der Mord aus Eifersucht, was wir keinesfalls als bloßen Zufall betrachten werden. Aber während des ganzen Romanes spricht der Dichter von sich immer wieder nur als Mörder und Verbrecher.

Mit der Verdrängung der Haßgefühle gegen den Vater geht die Wandlung seiner ganzen Gefühlswelt Hand in Hand. So kommt es, daß der Revolutionär, der den Zaren töten wollte, zur Krönung Alexanders II. eine Lobeshymne dichtet, bei jeder Gelegenheit seine Liebe und Ergebenheit der Zarenfamilie gegenüber bekundet, wobei sein Gebaren vollkommen aufrichtig, ohne eine Spur von

Servilismus ist. Und das nach Jahren des Zuchthauslebens, wo er tausende und tausende von Greuelszenen mit eigenen Augen sah, und nach einer glaubhaften Überlieferung sogar selbst gezüchtigt worden ist, jedenfalls aber alle Schrecken des Zarentums am eigenen Leibe zu fühlen bekam. Zweifellos ist dies nur aus seinem im Ödipuskomplex wurzelnden Sühneverlangen erklärlich, beweist jedoch zugleich seine algolagnische Disposition.

Keinen Ton der Empörung kann man selbst zwischen den Zeilen lesen, wenn er über die tausend und tausend Rutenhiebe erzählt, welche wegen der geringfügigsten Vergehen den Rücken der unglücklichen Züchtlinge zerfleischen. Die scheußlichsten Greueltaten der tierischen Vorgesetzten erzählt er mit einer epischen Breite, man könnte fast sagen, mit einem Behagen, daß der Leser davon ganz krank wird. Er schildert seine Empfindungen, als er einen Sträfling nach einer solchen Exekution betrachtet. „Ich war in einer unbeschreiblichen Aufregung" versichert er immer wieder, und wir fühlen uns veranlaßt hinzuzufügen, daß es wohl eine sexuelle Erregung war, mit welcher er den Gezüchtigten betrachtete. Er läßt sich immer wieder die Wunden zeigen, und kann nicht aufhören, nach dem Schmerze zu fragen. Die lakonische Antwort der Gepeinigten, „es brennt, es brennt, wie höllisches Feuer", befriedigt ihn offensichtlich nicht, und er ist sozusagen fasziniert von der Prügelstrafe. Ein Gemisch von Sadismus und Masochismus ist unverkennbar, wenn er z. B. von jenem bestialischen Vorgesetzten erzählt, der im Sträflinge erst Hoffnung auf Straferlaß, oder wenigstens Milderung der Strafe erweckt, um dann über den aus allen

Himmeln der süßesten Hoffnung Gefallenen wie toll zu lachen, und die Soldaten zu noch unbarmherzigeren Hieben anzuspornen.

Auch der feinfühlige Dichter Turgenieff erkannte den Sado-Masochismus Dostojewskis. Nur ein Dichter mit solchen Neigungen kann dem Untersuchungsrichter Porfir in „Schuld und Sühne" die Geschichte jenes Bauern in den Mund legen, der im Zuchthause einen hochstehenden Vorgesetzten angreift, ihm absichtlich nicht das geringste Leid zufügt, und mit diesem Angriffe nur bezweckt, hart bestraft zu werden, um zu leiden. „Denn das Leiden ist gut", läßt ihn der Dichter sagen, „und wenn es von Amtspersonen kommt, und man unschuldig ist, umso besser." Diese eigentümliche Logik aber kann wieder nur die Psychoanalyse erklären. Vorgesetzte, Soldaten, Wächter, Polizisten und Amtspersonen jeder Art sind Vaterimagines, und von solchen gezüchtigt zu werden, kann der infantil verbliebene Neurotiker mit seinem schuldbeladenen Gewissen lustvoll empfinden. Es ist also nicht von der Hand zu weisen, daß die Algolagnie Dostojewskis ebenfalls im Ödipuskomplex wurzelt, der Sadismus wäre demnach die Identifizierung mit der Machtvollkommenheit des Vaters, während der Masochismus dem unsterblichen Schuldgefühle des inzestuös Gebundenen entstammte.

Deutliche masochistische Züge enthalten Episoden aus den Aufzeichnungen aus einem toten Hause. So z. B. die Erzählung über das Osterfest im Zuchthause. Die Sträflinge besuchen in der Karwoche die Frühmesse. Es berührt eigentümlich, zu lesen, wenn der Dichter erzählt, daß es ihm eigentlich angenehm war (sic!), wenn er im frühesten

Morgengrauen (man bedenke im Vorfrühling in Sibirien)
zur Frühmesse geführt wird, und kettenklirrend ganz unten
stehen muß, er, der früher stets unter den Adeligen ganz
oben Platz genommen hatte. Er findet es angenehm, daß
ihn viele neugierig betrachten, einige bemitleiden, andere
sich mit Abscheu von ihm abwenden, und mitleidige
Seelen ihn sogar mit einigen Kupfermünzen beschenken.
„So sei es denn“, sagt er sich und behält die Kopeke
„als Andenken seiner Schmach“. Diese ganze Erzählung
wird von einem starken Schuldgefühl getragen, ein über-
starkes Schuldgefühl aber ist verankert im Ödipuskomplex,
und dieses Schwelgen in der Demütigung und im Bewußtsein der eigenen Schwäche und Niedrigkeit, hat eine
infantil-sexuelle Note. Sich ganz schwach und hilflos
fühlen, wie einst als Kind, ausgeliefert der Macht eines
Überstarken, diese masochistische Phantasie verbirgt sich
hinter der christlichen Demut. Daß eben die Osterfeier-
tage den Masochismus wecken, ist leicht verständlich, da
die Identifizierung mit Christus zur Osterzeit besonders
naheliegend ist. Übrigens beherrscht diese Identifizierung
ein gutes Stück seines Verhaltens und seiner Weltanschauung
überhaupt. Gottvater ist ihm zeitlebens ein erhöhter leib-
licher Vater, und in der Liebe zu Gott sublimierte er
einen guten Teil seiner homosexuellen Liebe zum Vater,
aber auch die Identifizierung der eigenen Person mit
Christus ist offenkundig. Leiden, sich beugen, dulden, darin
findet der Dichter den Sinn des Lebens, d. h. er identifiziert sich mit dem leidenden Gottessohne. „Ich murre
nicht“, schreibt er aus dem Zuchthause immer wieder,
„es ist mein Kreuz“. Damit seine kleine erstgeborene

Tochter am Leben bliebe, möchte er „alle Kreuzesqualen
gerne auf sich nehmen", er identifiziert sich also immer
wieder mit dem leidenden Gottessohne. Die Ambitendenz
des christlichen Mythus war, wie für so viele andere
Neurotiker, auch seiner zwischen ambivalenten Gefühlsregungen ewig schwankenden Seele ein Anlaß zu dieser
Identifizierung. Gottvater, der seinen Sohn am Kreuze
unschuldig des qualvollsten Todes sterben läßt, der mit
tauben Ohren die flehentliche Bitte, daß der bittere Kelch
an ihm vorübergehe, nicht hören will, gleicht dem harten
und ungerechten Vater Dostojewskis, der ihn unverdient
so viel leiden und entbehren ließ.

Die Ambitendenz der Sohneseinstellung ist auch Schuld
daran, daß das Verhalten gegen die Religion bei unserem
Dichter zeitlebens ambivalent bleibt. Wer ihn oberflächlich
liest, schwört natürlich darauf, daß er der tiefreligiöseste
Dichter des zwanzigsten Jahrhunderts ist. Hat aber ein
Dichter oder Philosoph jemals stärkere Beweisgründe gegen
die Existenz Gottes und gegen die Religion überhaupt
geschmiedet, als Dostojewski? Reichen seine positiven Ge-
fühlsäußerungen auch nur annähernd an die verneinenden,
ja lästernden heran? Ja, ist denn ein Mensch, der Kyrillow
in den Dämonen, die Episode des Großinquisitors in den
Brüdern Karamasow geschaffen hat, noch überhaupt religiös
zu nennen? Wie Stawrogin an Schatow in den Dämonen,
könnten wir uns auch an den Dichter mit der Frage
wenden, ob er eigentlich an Gott glaube. Und wie die
von ihm erfundene Gestalt, müßte auch der Dichter ant-
worten: „Ich glaube an Rußland, ich glaube an seine
orthodoxe Lehre, ich glaube an Christi Körper, ich glaube,

daß eine neue Wiederkunft sich in Rußland vollziehen
wird, ich glaube" . . . Und da Stawrogin drängt: Aber an
Gott? An Gott? Und da antwortet Schatow mit gesenktem
Haupte und stockend: „Ich, ich werde auch an Gott
glauben." Jedenfalls hat er sich diesen Glauben unter
großen Seelenkämpfen heiß erstritten, auch war dieses so
heiß erkämpfte Gottvertrauen oft schwankend, und wenn
Dostojewski es auch nicht wahrhaben wollte, so kannte er
den Unglauben nur allzu gut. Nach verbüßter Zuchthausstrafe, also nachdem er die vielgerühmte Wandlung zum
Glauben bereits durchgemacht hatte, schreibt er an die
Frau eines Dekabristen, d. h. politischen Verbannten, die
ihm während seines Aufenthaltes im Ostrogg und nachher
unendlich viel Gutes getan hatte: „Ich will Ihnen von
mir sagen, daß ich ein Kind dieser Zeit bin, ein Kind
des Unglaubens und der Zweifelsucht und es wahrscheinlich (ich weiß es gewiß) bis an mein Lebensende bleiben
werde. Wie entsetzlich quälte mich (und quält mich auch
jetzt) die Sehnsucht nach dem Glauben, die umso stärker
ist, je mehr Gegenbeweise ich habe."

Dieses Bekenntnis entstammt einem Privatbriefe im
fernen Sibirien, aber auch seine offiziellen Schriften, die
direkt Kampfschriften gegen Unglauben und Gottesleugnung
sind, enthalten solche Stellen. Er sagt z. B. im Tagebuch
eines Schriftstellers, daß die Gottesleugner sich nicht einmal träumen lassen von einer solchen Gewalt der Verneinung, wie er sie durchgemacht habe. Endgiltig aber
hat er die Verneinung nie erledigt, weil die immer wieder
hervorbrechenden negativen Gefühle gegen den Vater, ihn
in immer neue Empörung gegen den Gottvater, d. h. in

Gottesleugnung und Unglauben trieben. Bis zuletzt ist dieser Kampf nicht ausgekämpft. Trotzdem verhelfen ihm seine religiösen Gefühle immer wieder zur Bekämpfung seines ambivalenten Ödipuskomplexes, d. h. auch zur Sublimierung seiner homosexuellen Veranlagung.

Die Haßgefühle gegen den Vater wurden also als Religiosität sublimiert, das inzestuöse Begehren aber als Vaterlandsliebe. Insoferne diese Wünsche nämlich verdrängt wurden, führten sie zur neurotischen Erkrankung, wie z. B. in der Furcht vor dem Lebendigbegrabenwerden, zu dem erwähnten „mythischen Entsetzen". Da aber diese Zustände sich im Zuchthause besserten, müssen wir annehmen, daß inzwischen ihre Sublimerung angebahnt wurde, und zum größeren Teile auch gelang. „Ich glaube an Rußland" — so lautet der erste Glaubenssatz Schatows, und dies ist zugleich das Credo Dostojewskis, wie wir dies in jeder Zeile seiner Werke entnehmen können. Er glaubt unentwegt daran, daß sein Vaterland das erkorene Land Gottes sei, er predigte, daß von dem Meere von Tränen und Blut, mit welchem der Sozialismus die ganze Welt überschwemmen werde, Rußland die Welt erlösen werde, daß es Rußland vorbehalten sei, Europas Vorbild zu werden und einen wahrhaft christlichen Staat zu gründen. Die Psychoanalyse aber lehrte die unbewußten Triebregungen kennen, die der Vaterlandsliebe zu Grunde liegen. Demnach sollte die Vaterlandsliebe eher Mutterlandsliebe genannt werden, da die Gefühlsbindung des Patrioten im Verhältnis zur Mutter-Erde wurzelt. Das Unbewußte identifiziert die Mutter, die Pflegerin, Ernährerin und gütige Helferin mit dem Erdboden, der den Menschen nährt, ihm alles für das Leben

Notwendige gütig spendet. Ausdrücke wie Erdenkinder, für Mensch, Mutter Natur, Leibesfrucht für Kind usw. bezeugen genugsam, daß es sich hier um eines der gebräuchlichsten Symbole handelt.

Das Vaterland, als jenes Stück der Erde, wo man geboren wird, (das uns gebiert, wie der ungarische Ausdruck szülöföld für Heimat besagt), welches den Menschen nährt, ihm eine Zufluchtsstätte gegen die Unbilden der Witterung gewährt, hat ein Anrecht auf all die inzestuöse Liebe des Mannes, welche sich dem direkten Ausleben widersetzt. Darum lebt das Vaterland als Frau in der Phantasie aller Völker, wie dies die Gestalten der La France, Hungaria, Mütterchen Rußland, Germania u. s. w. bezeugen. Daß Dostojewski dieses Symbol geläufig ist, ist aus dem bereits erwähnten Symbol, der Furcht vor dem Lebendbegrabenwerden offenkundig. In einem Briefe an seine Nichte aus dem Auslande schreibt er einmal, daß die Russen die im Auslande leben, ihre Mutter (Rußland) ohrfeigen. Die Glut, die der irdischen Mutter gegenüber strafbar wäre, kann in der inbrünstigen Liebe zum Vaterland vorwurfsfrei und ohne Gewissensskrupel ausgelebt werden. Slawophile, orthodox und konservativ gesinnt zu sein, bedeutet also nicht, daß sich Dostojewski, wie viele Menschen und auch er selbst glaubt, durch tragische Lebensschicksale geläutert zu dieser Weltanschauung durchgerungen hat, ebensowenig, daß er mit politischem Scharfsinn nach den Irren und Wirren der Jugendjahre den richtigen Weg Rußlands erkannte, sondern, daß sein Ödipuskomplex sich in allen Relationen seines Lebens immer wieder äußert. Die Glut, mit welcher er seine politischen und religiösen Meinungen verficht,

weist auf die affektive, unbewußte Wurzel derselben genugsam hin, jedoch verrät sich der Zusammenhang seiner
Weltanschauung mit dem Ödipuskomplex auch aus kleinen
Einzelnheiten.

So nannte sich die Gruppe jener Slawophilen, die sich
um Dostojewski und seine Zeitschrift scharte, „die Bodenständigen“, und weisen mit dieser Benennung auf den
Zusammenhang ihres Patriotismus und der inzestuösen Gebundenheit hin. Mit seinem erbitterten Haß verfolgte
Dostojewski bis an sein Lebensende die Westler, die freidenkenden, oft im Ausland lebenden Russen, die er
„Skitaltzky“, Entwurzelte nennt. Unbewußt haßt er in
diesen Leuten jene Glücklichen, die es über sich vermochten, auf den Inzestwunsch zu verzichten, sich der
Mutter zu entfremden. Seine stetige Furcht, während
seines unfreiwilligen Aufenthaltes im Auslande, dem Vaterlande entfremdet zu werden, wurzelt ebenfalls in diesen
unbewußten Gedenkengängen. In keinem Briefe bleibt diese
seine krankhafte Furcht unerwähnt, und wenn er seiner
Lieblingsnichte Sophie schreibt, daß im Auslande leben
für ihn viel schrecklicher ist, als die Deportation nach
Sibirien war, so ist das keine Übertreibung, sondern vollkommen wahr.

Eigentümlich ist es aber dabei, nnd kann wieder nur
mit der inzestuösen Gebundenheit, resp. der Verdrängung
derselben erklärt werden, daß Dostojewski diese Auslandsreisen weit über das nötige Maß ausdehnte. Obzwar er
während des letzten mehrjährigen Aufenthaltes ganz krank
vor Sehnsucht war, will er im letzten Augenblicke noch eine
Reise nach dem gelobten Lande antreten, auch waren die

Schulden, die ihm ins Ausland trieben, wie dies der deutsche
Verleger seiner Werke richtig bemerkt, bei der Heimreise
ebensowenig beglichen, wie bei der Flucht. Und gelingt
es diese Reise noch bis zu einem gewissen Grade zu
rationalisieren, und unumgänglich notwendig erscheinen zu
lassen, so gilt dies für die übrigen Reisen schon überhaupt
nicht. Gleich beim Antritt der ersten Reise erklärt der
Dichter, daß er „an Europa nicht glaube", daß das Ausland ein großer Friedhof sei, daß die Zukunft Rußland
gehöre. Und während er die im Auslande lebenden Russen
verachtet und glühend haßt, sucht er dieses Ausland fast
zwanghaft immer wieder auf. Es ist eben die unbewußte
Angst vor dem Inzestgedanken, der ihn immer wieder
von Mütterchen Rußland fliehen macht, während es die
Rückkehr des Verdrängten verursacht, daß er im Auslande
selbst die paradiesischen Gegenden kaum eines Blickes
würdigt. Alles ist ihm nicht nur höchst gleichgiltig, sondern
direkt zuwider, ihn interessiert höchstens eine Gegend, die
ihn an Petersburg erinnert.

Nicht nur der Patriotismus, die Liebe zur Heimatsscholle entspringt des Dichters inzestuöser Gebundenheit,
sondern auch ein großer Teil seiner Religiosität hat dieselbe Wurzel. Auch die Kirche wird von Neurotikern oft
als weibliches Symbol verwendet.*

Die große Liebe und das überwiegende Interesse Dostojewskis für die
orthodoxe Kirche wurzelt ebenfalls im Ödipuskomplex, obwohl die vielen
Heiligen der orthodoxen Kirche als Vaterimagines bei dieser Vorliebe ebenfalls eine große, doch unbewußte Rolle spielen mögen. Sossima im Romane
der Karamasows, der Priester, dem Stawrogin seine schreckliche Beichte ab-
legt, (die bis jetzt im Dostojewski-Museum verwahrt, erst vor Kurzem erschien)
sind Heilige, deren Vaterbedeutung offenkundig ist.

Der Ödipuskomplex bringt Dostojewski also in das Zuchthaus, und derselbe Komplex, das Sühneverlangen macht es überhaupt möglich, daß der Dichter die Zuchthausstrafe nicht nur überlebte, sondern in relativ besserem Gesundheitszustande diese Hölle verließ, als er hinkam. Es ist schwer, sich über diese qualvollen vier Jahre ein einigermaßen richtiges Bild zu machen. Ein Ästhet und Kritiker Dostojewskis sagt, daß die Episode des Bades in den Aufzeichnungen aus einem toten Hause sich würdig an die Bilder der Danteschen Hölle anreihen könnte. Und nicht dies ist der schrecklichste Teil dieses schrecklichen Gemäldes. Die langen sibirischen Winternächte, während welchen es nicht erlaubt ist ein Licht anzuzünden, Stunden und Stunden sich schlaflos auf dem von Ungeziefer wimmelnden harten Pritschen herumzuwerfen, in der greulichen Ausdünstung hunderter von ungepflegter Körper, in der verpesteten Luft und dem entsetzlichen Gestanke, den der vor der Türe des Schlafraumes stehende Trog verbreitet, in welchen die Züchtlinge ihre Notdurft von Sonnenuntergang bis zum nächsten Morgen verrichten, die niemals gewaschenen, von Schmutz und Eiter starrenden Gewänder des Krankenhauses, es ist kaum glaublich, daß ein Mensch, von dem, wie von unserem Dichter erzählt wird, daß er pedantisch und reinlich war, und zum täglichen Waschen viel Eau de Cologne verbrauchte, dieses Leben auch nur eine Stunde auszuhalten vermochte. Unendlich muß sein Schuldgefühl gewesen sein, dem solche Leiden angemessen erschienen. Denn aus den Aufzeichnungen seiner dortigen Vorgesetzten, unter welchen er viele Gönner hatte, geht hervor, daß er absolut keine Erleichterung seiner Lage

wünschte. Dostojewski, wie sein früherer Freund und Mit-
verschworener Durow, wurden nämlich dem Kommandanten
des Ostroggs wärmstens empfohlen, und sowohl er, wie
auch die Seekadetten, die wegen einer Revolte ,bestraft,
dort den Dienst versahen, waren gewillt den beiden Edel-
leuten als politischen Gefangenen jede nur mögliche Erleichterung zu gewähren. Während aber Durow sich dankbar,
liebenswürdig und freimütig erwies, so daß ihn jedermann
liebgewann und förderte, stand Dostojewski mürrisch, mißtrauisch und verschlossen seinen Gönnern gegenüber, nur
ungern nahm er Begünstigungen und Erleichterungen an,
und entfremdete sich alsbald seine Gönner. Sein Schuldgefühl
wollte eben den Kelch der Bitternisse, der Erniedrigungen
und Qualen bis zur Neige leeren. Interessant ist auch der
Haß, den er gegen Durow fühlte und überhaupt nicht
verbergen, geschweige denn bezwingen konnte. Während
all der vier Jahre sprach unser Dichter kein Wort zu
diesem gewesenen Freunde, ja in den Aufzeichnunger
erwähnt er ihn nur als „ich und der andere". Er haßt in
Durow eben sein eigenes Verbrechen, und zwar nicht nur
das eingestandene und offenkundige, die Verschwörung
gegen den Zaren, sondern jenes andere, unbewußte und
unverzeihliche, den Vatermord.

Nach vierjähriger Zuchthausstrafe werden unserem
Dichter die Fesseln zwar abgenommen, aber seine Freiheit
besteht zunächst nur darin, daß er als gemeiner Soldat
in das sibirische Linienregiment in Semipalatinsk eingereiht
wurde. Wie der Schatten eines Menschen, so folgt ihm
sein Ödipuskomplex und konstelliert sein Tun und Lassen
wie bisher. Hier findet er nämlich jene Frau, die ihn

das Lieben zum ersten Male gelehrt haben soll. Maria
Dimitrijewna war die Gattin eines an Tuberkulose leidenden
trunksüchtigen Kameraden Dostojewskis, den er bereits aus
der Militärschule gekannt haben soll. Die allzu ehrfurchts-
vollen Biographen des Dichters, die sich scheuen, solche
Intimitäten aus seinem Leben an das Licht der Öffent-
lichkeit zu zerren, die seine menschlichen Schwächen
dokumentieren würden, diese Biographen sind Schuld daran,
daß wir von diesem für den Analytiker so interessanten Eheleben sozusagen gar nichts wissen, und zum größten Teile
auf Vermutungen verwiesen sind. Baron Wrangels Aufzeichnungen — mit ihm lebte Dostojewski zur Zeit dieser
Liebesleidenschaft zusammen — geben uns einige, wenn
auch spärliche Fingerzeige. Seine Tochter aus zweiter Ehe
berichtet ausführlich, aber naturgemäß nichts weniger als
objektiv über dieses seltsame Verhältnis. Zum Verständnis
desselben werden sich die autobiographischen Daten, die
der Roman „Beleidigte und Erniedrigte" enthält, als die
brauchbarsten erweisen.

Für den Psychoanalytiker wird es nicht ohne Bedeutung
sein, daß diese Frau unfrei, d. h. die Gattin eines Kameraden
ist, als sich unser Dichter in sie verliebt und daß sie
während der ganzen Zeit, vom Augenblicke ihrer Bekanntschaft an, keine Minute frei ist, d. h. von diesem Momente
bis zu ihrem Tode stets Grund zur Eifersucht bot. Als
der Dichter sie kennen lernt, ist sie gerade in einen anderen
Kameraden ihres Mannes verliebt, und als Gattin des Dichters
unterhält sie, nach Aussage der Tochter Dostojewskis, ein
langjähriges Verhältnis mit einem Hauslehrer. Nachdem
ihr erster Gatte an den Folgen seiner Trunksucht und der

dadurch verschlimmerten Schwindsucht starb, setzte der
Dichter charakteristischerweise alles Menschenmögliche in
Bewegung, um der Witwe die Heirat mit dem Geliebten,
d. h. mit seinem Nebenbuhler möglich zu machen. Er
bestürmt seine Verwandten und seine einflußreichen Be-
kannten, damit sie sich für seinen Nebenbuhler ver-
wenden, ihm eine gute Lebensstellung verschaffen, und
so seine Heirat mit Maria Dimitrijewna zu ermöglichen,
anderseits verzehrt er sich in der grundlosesten Eifersucht.
Als diese Heirat trotz seiner Bemühungen nicht zustande
kommt, heiratet er die Witwe, um sie vor materiellen
Schwierigkeiten zu retten.

Unschwer werden wir in dieser Liebe jene Charakter-
züge auffinden, welche F r e u d in den „Beiträgen zur
Psychologie des Liebeslebens" dem inzestuös Gebundenen
zuschreibt. Vor allem die Unfreiheit des Liebesobjektes.
Maria Dimitrijewna gehörte während der ganzen Zeit
ihrer Liebe und Ehe mit dem Dichter einem anderen
Manne an, zuerst dem Gatten, dann dem Nebenbuhler
und endlich dem Geliebten, keinen Augenblick aber dem
Dichter selbst. Die Liebesbedingung des „geschädigten
Dritten" sehen wir in dieser Liebesaffäre voll erfüllt.
Ebenso die Bedingung der Eifersucht, über welche Leiden-
schaft Baron Wrangel ausführlich berichtet, wie auch die
Retterphantasie. In dieses Kapitel gehört vor allem die
Mühe, die sich Dostojewski gab, dem Geliebten seiner
nachmaligen Frau zu einer Stelle zu verhelfen, auch
rettet er nicht nur die Frau, sondern auch ihren kleinen
Knaben buchstäblich vor dem Hungertode, endlich rettet
er auch den guten Namen der Maria Dimitrijewna, deren

freies und exaltiertes Wesen der kleinen sibirischen Stadt
nicht wenig Anlaß zum Klatsch bot, wie Baron Wrangel
zu erzählen weiß, und deren Liebesverhältnis mit dem
Hauslehrer, — nach Aimée Dostojewski, — stadtbekannt
gewesen sein soll. Interessant ist, daß Dostojewski, wie
die inzestuös Gebundenen im Allgemeinen, gegen den je-
weiligen, sozusagen rechtmäßigen Besitzer der Maria Dimitrijewna gar keine Eifersucht verspürte, aber bei unbedeu-
tenden Anlässen von krankhafter Eifersucht verzehrt ward.
„Wir waren beide sehr unglücklich" — erzählte der
Dichter über seine Ehe dem vertrauten Freunde Baron
Wrangel, — „aber je unglücklicher wir waren, umso
weniger konnten wir voneinander lassen, denn wir liebten
einander bis ans Ende." All diese Liebesbedingungen beweisen uns aber, daß diese Liebe eine inzestuöse, die
Geliebte eine Mutterimago war. In der Eifersucht durch-
lebte Dostojewski die kindliche Eifersucht gegen den
Vater, während der geschädigte Dritte den unbewußten
Triumph über diesen ewigen Konkurrenten bedeutet.

Aimée Dostojewski sagt, daß die erste Gattin ihres Vaters,
die Tochter eines Mameluken Napoleons, von glühendem
Hasse gegen den Dichter erfüllt gewesen sei. Nach der
übermittelten Familientradition heiratete sie ihn, um vor
materieller Not geschützt zu sein, machte sich jedoch aus
Dostojewski nichts, und verspottete ihn grausam mit ihrem
Liebhaber, dem schon genannten Hauslehrer, der ihr bereits
nach der Hochzeit wie ein Hündchen von Stadt zu Stadt
nachgereist sei, und als die Verbannung Dostojewskis endlich
ihr Ende erreichte, und er sich infolge besonderer Gunst
Alexanders II. in Twer, einer Stadt zwischen Moskau und

St. Petersburg niederlassen durfte, soll er ihnen auch dahin
gefolgt sein. Der Dichter soll von diesem Verhältnisse
nichts geahnt haben, obwohl er den Hauslehrer gut kannte,
ihn aber für so unbedeutend gehalten haben, daß er
an einen Betrug gar nicht dachte. Dem Ahnungslosen soll
seine Frau, die infolge der fortschreitenden Tuberkulose
in äußerst gereizter Stimmung war, welche Stimmung in
Verzweiflung ausartete, als die kranke und daher ihrer Reize
beraubte Frau von ihrem Geliebten verlassen wurde, selbst
die Augen geöffnet haben. Zum Äußersten getrieben,
gestand sie ihrem Manne den langjährigen Betrug mit
Hohn und Spott. Trotzdem soll Dostojewski nach diesen
Enthüllungen sein Benehmen gegen seine Frau in keiner
Weise geändert haben. Erst viel später, als ihn seine
publizistische Tätigkeit dringend nach St. Petersburg berief,
verließ er die Frau, die ihm so große Schmerzen bereitet
hatte. „Sein Herz war zerbrochen" — schreibt seine Tochter
— „aber das Pflichtgefühl gegen jene, die seinen Namen
trug, blieb unverändert. Das aber entwaffnete Maria
Dimitrijewna nicht. Sie haßte meinen Vater mit jenem
unerbittlichen Hasse, den nur Negerinnen kennen. Die
Leute, die sie pflegten, berichteten später, daß sie lange
Stunden unbeweglich in schmerzliche Betrachtungen ver-
sunken im Lehnsessel verblieb. Dann stand sie plötzlich auf,
durchschritt fieberhaft die Räume ihrer Wohnung. Im Wohn-
zimmer hielt sie vor Dostojewskis Bild inne, sah es lange
an, drohte ihm mit der Faust und schrie: Sträfling, ehrloser
Sträfling! So gebärdete sie sich bis zur vollen Erschöpfung."

So erzählt Aimée Dostojewski, die Psychoanalyse aber
wird sich mit der Auskunft „grimmiger Haß der Negerin"

nicht zufrieden geben und die Frage stellen: Warum sollte
eine Frau den Mann, der nicht nur sie selbst, sondern auch
ihren kleinen Sohn buchstäblich vor dem Hungertode rettete,
so grimmig hassen? Warum soll sie ihn, den zu dieser Zeit
bereits ganz Rußland nicht nur als großen Dichter, sondern
sozusagen als Propheten feierte, beschimpfen? Maria Dimitrijewna spielte in Semipalatinsk die Dame von Geist und
Kultur, die über Kleinlichkeit und gesellschaftliche Bedenken hoch erhaben ist, sie verkehrte mit Ostentation mit
Dostojewski, als dieser noch ein gemeiner Soldat war, und
gar viele Vorgesetzte ihres Mannes diesen vertrauten Verkehr
mißbilligten. War sie über Vorurteile damals hoch erhaben,
war es nachher direkt lächerlich Dostojewski „Sträfling"
zu schelten, als er die hohe Achtung des ganzen russischen
Reiches, ja der Zarenfamilie genoß. Wenn das Verhältnis
zum Hauslehrer tatsächlich bereits von Anfang an existierte,
was für einen Grund hatte sie gehabt, ihren Mann grimmig
zu hassen? Aus französischen Lustspielen kennen wir ja
den Gemeinplatz bis zum Überdrusse, daß die Ménages
à trois nicht die schlechtesten sind. Und nachdem sie von
ihrem Hauslehrer verlassen wurde, ist es wieder nichts
weniger als folgerichtig, wenn sich ihr Haß gegen den
Gatten wendet. Solche Szenen hätte sie höchstens vor dem
Bilde des ungetreuen Geliebten aufführen müssen. Ihr
Gebaren ist in der Beleuchtung Aimée Dostojewskis vollkommen unverständlich. Dies sind Ausbrüche einer Frau,
die ihren Gatten liebt und Grund zur Eifersucht hat,
oder zu haben wähnt. Denn der Haß ist nur die Kehr-
seite der Liebe, und nur den einst Geliebten kann eine
Frau hassen. Und verachten? Sicherlich wird es einer Frau

von Maria Dimitrijewnas Temperament und Charakter
nicht einfallen, ihren Mann wegen eines politischen Ver-
gehens zu verachten, wohl aber verachtet eine solche Frau
einen Mann, an dessen Seite sie geschlechtlich unbefriedigt
lebt. Grund zur Eifersucht mag Maria Dimitrijewna genug
gehabt haben. Schon eine geraume Zeit vor dem Tode
der Gattin lebte Dostojewski fast ausschließlich in Petersburg. Dort knüpfte sich jene Bekanntschaft mit einer jungen
Studentin Pauline N., wie sie Aimée Dostojewski nennt,
(der Pauline der „Spieler"), welche rasch zur glühenden
Leidenschaft anwuchs und der er ins Ausland nachreiste,
um mit ihr sozusagen die letzten Lebensmonate der Gattin
zu verbringen. Und mag hier die gekränkte Eitelkeit
Dostojewskis immerhin eine Rolle gespielt haben, wenn wir
uns die inzestuöse Fixierung des Dichters vor Augen halten,
wenn wir daran denken, daß er dort nicht lieben konnte, wo
er begehrte, und wo er liebte, dort nicht begehrte, wenn
wir uns dazu noch an die Worte erinnern, die er über
sein Verhältnis zu seiner Frau an den Baron von Wrangel
richtete, daß sie beide tief unglücklich waren, aber nie
aufhörten einander zu lieben, wenn wir endlich noch
hinzufügen, daß sowohl der ersten Ehe der Maria Dimitrijewna, wie auch der zweiten Ehe Dostojewskis Kinder
entstammten, während diese Ehe kinderlos blieb, können
wir nicht umhin, hinter dem banalen Haß der Negerin
ein trauriges Familiengeheimnis zu vermuten. Daß Maria
Dimitrijewna an derselben Krankheit litt und starb, wie
des Dichters Mutter, und ungefähr in demselben Alter
sein mochte, wird uns an der Auffassung dieser Familen-
tragödie nicht gerade irre machen. Körperlich wird die

erste Gattin des Dichters von Strachoff, dem Mitarbeiter
seiner Zeitung, als zart und gebrechlich beschrieben, was
von der Mutter des Dichters ebenfalls behauptet wird,
und Dr. Riesenkampf gedenkt ihrer als einer guten Hausfrau, die es verstand, ihr Heim wohnlich zu gestalten,
also ebenfalls mütterliche Eigenschaften. All dies mag wohl
zusammengewirkt und die Harmonie des ehelichen Lebens
gestört haben, nachdem es die Inzestscheu Dostojewskis
geweckt hatte. Damit mag es wohl zusammenhängen, was
der bereits erwähnte Kritiker Strachoff über das sexuelle
Leben des Dichters zu dieser Zeit schreibt.

Nachdem er ein Bild der Weltanschauung des Dichters
gibt und diese als Verzeihen und Verstehen menschlicher
Schwächen bezeichnet, setzt er fest: „So war denn der
literarische Kreis, in den ich hier eintrat (es handelt sich
um die Mitarbeiter der Zeitung, die die Brüder Dostojewski
zur Zeit der schweren Erkrankung der Maria Dimitrijewna
herausgaben), für mich in vieler Hinsicht eine Schule der
Humanität. Doch ein anderer Zug, der mich besonders
frappierte, stellte an sich eine weit größere Abweichung
von meinen Ansichten dar. Zu meiner größten Verwunde-
rung bemerkte ich, daß man in diesem Kreise Ausartungen,
ja Ausschweifungen im Sinnlichen gar keine Bedeutung
beimaß. Dieselben Menschen, die in sittlicher Beziehung
von so ungeheuerer Feinfühligkeit waren, die den höchsten
Gedankenflug hatten und selber zum größten Teil jeder
psychischen Ausschweifung fernstanden, dieselben Menschen
sahen indessen mit vollkommenem Gleichmut auf alle
Extravaganzen, sprachen von ihnen, wie von spaßigen
Narreteien oder nichtssagenden Lappalien, denen sich in

einer freien Minute hinzugeben durchaus statthaft sei. Geistige Unanständigkeit wurde streng und scharf gerügt, fleischliche Unanständigkeit hingegen überhaupt nicht beachtet. Diese sonderbare Emanzipation des Fleisches wirkte geradezu verführerisch, und in einigen Fällen hatte sie Folgen, an die zu denken schmerzlich und furchtbar ist. Von denen, die ich während meiner literarischen Mitarbeiterschaft namentlich in den sechziger Jahren kennen lernte, habe ich einige infolge dieser psychischen Sünden, die so belanglos schienen, sterben und wahnsinnig werden gesehen."

Strachow erzählt uns zwar nichts darüber, ob unser Dichter, der ja der geistige Mittelpunkt und Führer dieses Kreises war, diese Ausschweifungen nur sozusagen theoretisch guthieß oder an solchen sich auch beteiligte, läßt aber das letztere vermuten, da er in diesem Zusammenhange einige Zeilen weiter von jenen Widersprüchen spricht, die in Dostojewskis Handlungen und Gedanken auffallend waren, die aber in der Tiefe einer Seele ihren natürlichen Ausgleich fanden, und ihn in vielen Fällen vor falschen und unnormalen Wegen zurückhielten.

Der Roman „Beleidigte und Erniedrigte", der die erste Ehe Dostojewskis poetisch beschreibt, zeigt uns den Dichter ebenfalls im Kampfe mit seinem Ödipuskomplex. Zu der Figur der Natascha soll seine erste Frau Maria Dimitrijewna Modell gestanden haben. Die ein wenig lächerliche Gestalt, die sich der Dichter in diesem Romane zuteilt, die Rolle des schützenden Engels, der liebt, ohne zu begehren, entstammt dem Ödipuskomplex, d. h. dem verdrängten Inzestwunsche.

All dies beweist, daß es dieser Komplex war, der die
Liebeswahl Dostojewskis bestimmte, und an demselben
Komplex scheiterte dann sein Eheleben, da er dem Ausleben der normalen Sexualität hindernd im Wege stand.
Das bereits erwähnte Liebesverhältnis zu Pauline N. weist
dieselben Züge auf, wie die eben besprochene erste Liebe.
Wieder ist die Geliebte unfrei. Die junge Studentin be-
warb sich lange Zeit erfolglos um die Gunst des berühmten
Dichters. Väterliche Zuneigung und Interesse, die ihr Dostojewski bewies, genügen dem temperamentvollen Mädchen
nicht, und des langen Zögerns überdrüssig, reist sie rasch
entschlossen nach Paris und sagt sich von dort von Dostojewski los, nachdem sie dort die Bekanntschaft eines jungen
russischen Studenten gemacht hatte. Die Eifersucht des
inzestuös Fixierten ist mit .diesem Briefe geweckt, und
nachdem die Liebesbedingung erfüllt ist, brennt seine
Liebe lichterloh. In fliegender Eile packt er seine Sachen,
kümmert sich nicht um seine bereits auf dem Totenbette
liegende Frau, kehrt sich nicht im Geringsten an seine
so geliebte Zeitung, der er sonst seine ganze Tätigkeit
widmete und die er vorher Pauline als Grund angab, die
Abreise ins Ausland zu verzögern, er fragt nicht danach,
ob diese Reise, die naturgemäß eine große Menge Geld
kostet, durch ihre Unzeitgemäßheit die Zeitung, und somit
sich selbst und den heißgeliebten Bruder mit seiner zahlreichen Familie ins Verderben stürzt. Er reist Tag und
Nacht, erreicht die Geliebte, bittet, droht und überredet
sie endlich, ihm wieder ihre Gunst zuzuwenden. Und als
er endlich erreicht, was er so heiß ersehnt, Pauline ihren
Geliebten verläßt, um mit dem Dichter zu ziehen, ist er

nach wenigen Monaten von seiner Leidenschaft geheilt. Im Augenblicke, wo die Liebesbedingungen der Eifersucht und des geschädigten Dritten nicht mehr erfüllt sind, ist auch die blinde Leidenschaft vorbei. Bezeichnenderweise hatte auch dieses Mädchen einen anrüchigen Lebenswandel, sie war Studentin vom Typus der ewig Studierenden, die das Studium nur zu dem Zwecke betreiben, um ein freies Leben zu führen.

Dostojewskis zweite Ehe soll vollkommen glücklich gewesen sein. Seine Frau, von der Natur mit viel praktischem Sinn ausgestattet, hält seine verwickelten pekuniären Verhältnisse in Ordnung, stenographiert seine Werke, und schreibt sie ins Reine, räumt ihm jede Schwierigkeit aus dem Wege. Aber auch auf den Beginn dieses Ehelebens warf der Ödipuskomplex Dostojewskis trübe Schatten. Der Dichter selbst gibt in seinen Briefen aus seinem Aufenthalte in Europa zu, daß seine Frau viel unter seinen Charakterfehlern zu leiden hatte. Auch Aimée Dostojewski weiß viel von den Schwierigkeiten des Anfangs zu erzählen. Danach soll der Dichter, von seinen Verwandten aufgestachelt, seine Frau für viel zu jung und kindisch gehalten haben, um mit ihr seine Gedanken und Sorgen zu teilen. (Es scheint, daß die große Jugend seiner Frau eine Übertragung von der Mutter auf die Gattin verhinderte.) Die Familie seines Bruders machte sich im Hause des Dichters breit, machte der jungen Frau den Rang als Hausfrau und den Platz im Herzen des Gatten streitig. Nur die Reise ins Ausland, welche die Schuldenlast und der drohende Ruin unumgänglich notwendig machte, und welche Reise die kluge und einsichtsvolle junge Frau aus allen Kräften begünstigte, entfremdete den Dichter

allmählich den Familienbanden. Aber selbst nach jahrelanger
Dauer der Ehe mußten Störungen vorgekommen sein. Die
kleine Episode aus Dresden; die uns Aimée Dostojewski
erzählt, mag in den Augen der Bewußtseinspsychologie
unbedeutend erscheinen, wird jedoch dem Psychoanalytiker
weitgehende Schlüsse ermöglichen. In Dresden soll der
Dichter nämlich die Geburt seines zweiten Kindes amtlich
melden. Man verlangt in einem so pedantischen und bureau-
kratischen Lande, wie Deutschland, natürlich genaue Daten
über die Familienverhältnisse, und siehe da, dem Dichter,
der sich über eine solche überflüssige Pedanterie nicht
wenig ärgert, fällt auf Befragen des deutschen Beamten
der Familienname seiner Frau absolut nicht ein. Nachdem
er den vergessenen Namen keineswegs erinnern kann, bleibt
ihm nichts anderes übrig, als ärgerlich über die vielen
unnützen Fragen des Deutschen, nach Hause zu gehen und
seine Frau zu befragen. In den Familienerinnerungen der
Familie Dostojewski gilt diese kleine Episode, wie auch
mehrere ähnliche, als Zeichen der besonderen Zerstreutheit
des Genies. Als Zeichen dieser Zerstreutheit erzählt uns
Aimée Dostojewski, daß der Dichter an einer Straßenecke
von seiner Frau um ein Almosen gebeten wird, welches der
immer allzufreigebige ihr reicht, ohne zu bemerken, daß
es die eigene Frau war, mit der er soeben gesprochen hatte.
Hätte die Gemahlin Dostojewskis die Tendenz des Ver-
gessens und der Fehlhandlungen überhaupt so gekannt,
wie der Psychoanalytiker dieselben seit den Forschungen
Freuds über die „Psychopathologie des Alltagslebens" wertet,
sie würde beide kleinen Episoden für ihre Person nicht für
allzu schmeichelhaft gehalten haben.

Jedenfalls aber war die zweite Ehe des Dichters so ziemlich glücklich, was mit den mütterlichen Eigenschaften seiner Frau zusammenhängen mag, anderseits schwächte das zunehmende Alter und die dichterische Produktion die Intensität seines Ödipuskomplexes allmählich. Die Vaterwürde war für unseren Dichter eine stets sprudelnde Quelle der tiefsten Freude, die in dieser unbewußten Identifizierung wurzelte. Auch Aimée Dostojewski erzählt von gemeinsamen Spaziergängen und Kirchenbesuchen, von gemeinsamen Andachtsübungen und abendlichem Vorlesen. Dostojewski befaßte sich also mit seinen Kindern ganz genau in der Weise, wie einst sein Vater mit ihm.

Daß der Lebensabend des Dichters sich bei Weitem ruhiger gestaltet, ist abgesehen von seinem immer größer werdenden Dichterruhme, zum größten Teile dem Finanztalente seiner Frau zu verdanken. Nur wer die schwierige pekuniäre Lage kennt, mit welcher der Dichter zeitlebens kämpfte, wird die Bedeutung dieses Umstandes ermessen können. „Als er das Licht der Welt erblickte" — sagt einer seiner Biographen — „erschaute er zuerst die Armen des Krankenhauses, welchem sein Vater vorstand, und von diesem Augenblicke heftete sich die Armut an seine Fersen, um ihm ein treuer Gefährte für das Leben zu sein." So ist sein ganzes Leben sozusagen eine einzige tolle Hetzjagd nach dem Gelde, und wenn man seine von Zahlenreihen und Rechnungen strotzenden Briefe, seine verzweifelten Bitten um Geld, und immer wieder um Geld liest, muß man denken, daß er dem Gelde eine ungemeine Wichtigkeit beimaß, ja daß er es liebte. Allein schon seine Tochter macht uns aufmerksam, daß die pekuniären Ver-

legenheiten ihres Vaters zum größten Teile selbsverschuldet
waren; sie gibt der übergroßen Freigebigkeit des Dichters
die Schuld und weist darauf hin, daß man ihn in Familien-
und Freundeskreisen den Henker des Geldes zu nennen
pflegte.

Auch Mereschkowski bemerkt mit großem Scharfblick,
daß die große Armut Dostojewskis, so quälend sie für ihn
gewesen sein mag, weniger in äußeren Zufälligkeiten, als in
seinem innersten Wesen begründet war. Die Psychoanalyse bestätigt diese Annahme, indem sie darauf hinweist,
daß die Wertung des Geldes tatsächlich dem innersten
Wesen des Menschen, also seinem Unbewußten entstammt,
u. zw. der analerotischen Komponente seiner Libido. Verschwendungssucht und Ungenauigkeit sind Charakterzüge
des Analerotikers, während Geiz, Pedanterie und Trotz
Eigenschaften jenes Analerotikers sind, dessen Analerotik
sublimiert, resp. aufgesogen wurde. Analerotische Züge
unseres Dichters sind uns wohlbekannt. Er litt zeitlebens
an hartnäckiger Stuhlverstopfung, die ihm oft Grund zu
Klagen gibt. Während der Haft in der Peter-Paul-Festung
verringern sich sozusagen alle seine nervösen Beschwerden,
bis auf die Obstipation, von der er schreibt: „Ich lebe
fast nur noch von Rizinusöl." Stets klagt er über Hämorrhoiden. Von seinem älteren Bruder Michail wissen wir,
daß Fjodor Dostojewski nie wußte, was er besaß, sei es
an Geld, Kleidungsstücken, Wäsche oder anderen Gebrauchs-
gegenständen. Dr. Riesenkampf war vergeblich bemüht, ihm
etwas deutsche Pedanterie und Genauigkeit beizubringen.
Er erzählt, daß obwohl Dostojewski oft über ziemlich nam-
hafte Einnahmsquellen verfügte, — sein Vormund schickte

ihm nämlich ziemlich regelmäßig bedeutende Summen — er sich doch in beständiger Verlegenheit befand. Nachdem er an einem Tage zweitausend Rubel für nötige und unnötige Dinge ausgegeben hat, bat er ihn oft bereits am andern Morgen um ein Darlehen von fünf Rubel. In dieses Kapitel gehört, daß Dostojewski mit Ausnahme seines ersten Romanes niemals etwas schrieb, was nicht bereits im Voraus bezahlt gewesen wäre. Mit einer gewissen Passion nimmt er auf seine Werke Vorschuß, die er lange plant und fast niemals zur vereinbarten Zeit abliefert. Er trennt sich sozusagen schwer von seinen Werken, die in seinem Kopfe schon fertig sind, und bringt damit seine Verleger oft in Verzweiflung. Strachoff, der diese Eigenschaft seines Freundes erwähnt, hält dies für die Faulheit des Genies, wir sehen darin einen analerotischen Zug. Die Analerotik unseres Dichters manifestiert sich in seinen Werken oft deutlich. So in der Szene, wo Aljoscha Karamasow und das ganze Kloster teils verzweifelt, teils eine lebhafte Schadenfreude empfindet, weil die Leiche Sossimas, (des Vaters) in Verwesung übergeht und einen entsetzlichen Leichengeruch ausströmt, wie auch darin, daß der Vatermörder im Romane der Karamasows „Smerdjakow" heißt, was auf russisch ebenfalls „der Stinkende" heißt.

Die Anfälle von Spielwut, welchen Dostojewski zwischen seinem vierzigsten und fünfzigsten Lebensjahre unterlag, finden ihre Erklärung in demselben Komplex. Daß diese nicht nur in Geldgier wurzelte, sondern auch unbewußte Determinanten hatte, liegt auf der Hand, sie brachte ihn in so unwürdige und verzweifelte Lebenslagen, daß an der Krankhaftigkeit dieser Anfälle nicht gezweifelt werden kann. So hatte er in Baden-Baden wieder einmal all sein Geld verloren, und schreibt an seinen Freund Maikow (1867): „Ich schreibe für Sie allein, überliefern Sie mich nicht dem Urteil der Welt. An Baden-Baden vorüberfahrend, fiel es mir ein einzukehren. Ein verführerischer Gedanke quälte mich, zehn Louisdor zu opfern, um vielleicht zweitausend Franken dazu zu gewinnen. Am schlimmsten war es, daß ich auch früher zuweilen gewonnen habe. Noch schlimmer, daß ich eine gemeine und zu leidenschaftliche Natur besitze. Der Teufel spielte mir sofort einen Streich. In zwei Tagen gewann ich viertausend Franken mit ungewöhnlicher Leichtigkeit. Die Hauptsache aber war das Spiel. Wissen Sie, wie das anzieht? Nein, ich schwöre es Ihnen, es war nicht allein Gewinnsucht. Ich spielte weiter und verlor. Ich versetzte meine Kleider und Anna Grigorjewna all das ihrige. Was ist das für ein Engel!"

Es folgen flehentliche Bitten um Geld. „Verlassen Sie mich nicht", beendigt er diese Epistel, „Gott wird es ihnen lohnen. Benetzen sie mit einem Trunk Wasser die in der Wüste verschmachtende Seele." An diesen Bekenntnissen nimmt unser Interesse vor allem das ambivalente Verhalten zum Gelde in Anspruch. Immer wieder wirft er es zum Fenster heraus, um demselben dann gierig nachzujagen. Er verschenkt es völlig unwürdigen Fremden, um es dann von Freunden, deren Lage, wie er wohl weiß, nicht glänzend ist, zu erbitten, erbittet es aber oft von Fremden mit einer unterwürfigen Beredsamkeit, mit einer fast kriecherischen Demut, mit welcher er Personen bitten läßt, die alle Selbstachtung verloren haben, wie Febjadkin in den Dämonen, oder Marmeladow in Schuld und Sühne. Diese Trinker und Spieler, diese „Unglücklichen", wie er sie nennt, sind daher Abspaltungen seines eigenen „leidenschaftlichen und gemeinen Charakters."

In diesem ambivalenten Verhalten zum Gelde finden wir unbewußte, aus dem Ödipuskomplex stammende Wünsche realisiert. Daß der Dichter betont, nie ohne Vorschuß geschrieben zu haben und dann die Arbeit nur ungern und unpünktlich liefert, gerne Geld leiht und noch lieber gewinnt, hängt mit der unbewußten Bedeutung des Geldes zusammen. Geld ist für den Erwachsenen ein Mittel zur Befriedigung seiner Bedürfnisse und als Machtmittel geschätzt. Anders aber ist die Schätzung des Geldes bei Kindern und Neurotikern, die in dieser Beziehung infantil verblieben, wie unser Dichter. Wie das Kind kein anderes Geld kennt, als das ihm geschenkt wird, bilden Geld und Geschenk einen und denselben Begriff. Selbst schenken ist ein Akt, den das kleine Kind seinem Narzißmus der Objektliebe wegen abringen muß. Das erste Geschenk des Kindes an seine Pflegeperson ist sein Kot, den es zur Lustgewinnung zurückhalten möchte. Der Freigebigkeit bezw. dem Wunsch beschenkt zu werden, das Geld nicht verdienen zu müssen, liegt also die unbewußte Gleichung Geld = Kot zugrunde. Zu den ältesten Kinderwünschen der Neurotiker gehört der, von der Mutter ein Kind zu haben, (resp. der Mutter ein Kind zu machen, schenken). So tritt der unbewußten, vorhin erwähnten Gleichung Geld = Kot, als drittes Glied Kind hinzu. Von der Mutter ein Kind zu haben, dieser unbewußte Inzestwunsch steckt hinter der Spielwut und hinter dem

Wunsche leicht, ohne Arbeit und Mühe Geld zu bekommen, (eigentlich geschenkt zu erhalten).

Die bewußte Freigebigkeit Dostojewskis beruht allerdings auf vorbewußten Gedanken, die mit der Auflehnung gegen den Vater in Verbindung stehen. Der Sohnestrotz hat den exzessiven Geiz des Vaters, zu dem der Dichter die Anlage geerbt zu haben scheint, in Verschwendungssucht verwandelt, doch ist ja der Trotz selbst ein analerotischer Charakterzug, den übrigens nicht nur der Dichter, sondern auch dessen Schwester Barbara und auch andere nahe Verwandte väterlicherseits geerbt zu haben scheinen. Ist hier die krankhafte Disposition offenkundig, so mündet trotzdem auch diese krankhafte Neigung in den Ödipuskomplex ein.

Wie die verstärkte Analerotik, ist die stärkere Erogeneität der Mundzone ebenfalls ererbt. Außer dem Vater Dostojewskis, litten zwei Brüder, der schon oft erwähnte älteste, Michail, und der jüngste, Nikolaj, an Trunksucht. Unser Dichter selbst war sehr mäßig, er vertrug den Alkohol sehr schlecht, dafür aber liebte er Süßigkeiten überaus. Dem Schriftsteller Strachoff fällt diese Eigentümlichkeit ebenso auf, wie Aimée Dostojewski. Stets soll er eine Menge Feigen, Datteln, Fruchtpasten und andere Süßigkeiten in seinen Schränken verwahrt und während des Tages genossen haben. Auch seine Vorliebe für starken Tee und schwarzen Kaffee hängt mit der Munderotik zusammen. Diese macht einen charakteristischen Zug der Dichtungen Dostojewskis verständlich. Seine Helden essen eigentlich nie, wenigstens nicht ordentlich. Wenn sie völlig erschöpft wahrnehmen, daß sie hungrig sind, essen sie in irgend einem schmutzigen Wirtshause einige Bissen, sonst aber nehmen sie ausschließlich Genußmittel, Kaffee und Tee zu sich, höchstens rauchen sie noch. Unser Dichter war selbst ein starker Raucher.

Nachdem im Seelenleben Dostojewskis so ziemlich alle Perversionen nachweisbar sind, fragen wir uns, ob der Trieb der aktiven und passiven Schaulust ihm fremd war. Nichts derartiges ist uns zwar von ihm bekannt, nur seine Tochter übermittelt uns den mit seinem Charakter nicht gut in Einklang stehenden Zug, daß er sich gerne gut und mit großer Sorgfalt kleidete, seine Kleidungsstücke stets selbst mit großer Sorgfalt bürstete und pflegte und sich freute, wenn seine Kleider lange wie neu aussahen. Das Bedürfnis aber, sich reich und gut zu kleiden, ist nach psychoanalytischer Erfahrung ein Ergebnis der Verdrängung exhibitionistischer Tendenzen. Zwei Eigentümlichkeiten seiner Werke lassen uns ebenfalls ahnen, daß er eine starke aktive und passive Schaulust unterdrückte, resp. sublimierte. Vor allem, daß die Natur in seinen Werken einen so geringen Platz einnimmt, wie etwa in den Werken Michelangelos. Naturbeschreibungen sind bei ihm ganz selten. Auch während seines jahrelangen Aufenthaltes im Auslande kümmerte ihn die Natur so wenig wie nur möglich, die zauberhaften Gegenden Italiens und der Schweiz, die Rheingegend würdigt er kaum eines Blickes. Wenn er dieselben in einem Briefe erwähnt, so ist sein Entzücken ganz konventionell, eine Gegend interessiert ihn nur, insoferne sie ihn an Mütterchen Rußland erinnert, oder an die langweilige, öde Gegend von Petersburg. Strachoff erzählt von der ersten Auslandsreise Dostojewskis, welche sie zusammen machten, daß sie gewöhnlich im Kaffeehause saßen und russische Zeitungen lasen, oder so laut politisierten, daß die Leute sich verwundert nach ihnen umsahen. In Florenz verbrachte der Dichter Tag und Nacht mit dem Lesen des Romanes Viktor Hugos „Les misérables", die Uffizi Gallerie sah er ein einziges Mal an, begann sich aber alsbald zu langweilen, so daß sie die Venus von Medici gar nicht ansahen. Dafür aber spazierten sie gerne in der Stadt, die Fjodor Michailowitsch an die Fontanka in Petersburg erinnerte. Die Natur und ihre Nachahmung, die Kunst interessierten Dostojewski sehr wenig. Aus psychoanalytischen Erfahrungen aber wissen wir, daß bei Malern der Drang zur Darstellung des menschlichen Körpers als Ersatz der Beschäftigung mit dem Mutterleibe dient, und daß eine intensive Verdrängung dieses Wunsches die Verschiebung des Malenwollens des menschlichen Körpers auf die Natur im allgemeinen überträgt. Wo wir bei einem Dichter finden, daß die Beschreibung der Natur, wie auch sein Interesse für die Schönheiten derselben überhaupt auffallend kärglich ausfällt, werden wir stets eine ausgiebige Verdrängung der Schaulust vermuten. Sublimiert manifestiert sich die Schaulust sowohl wie die verdrängte Entblößungslust bei Dostojewski im Malen der nackten Seelen, wie auch in der großen Subjektivität seiner Seelengemälde. So meint Strachoff, der mit richtigem Instinkt dies ebenfalls bemerkte, daß es ein wahres Glück war, daß Dostojewski nicht zu bemerken schien, wie er sein intimstes Seelenleben preisgab, denn sonst wäre ihm dies sicherlich unmöglich gewesen.

Wenn wir so das Leben dieses großen Dichters im Lichte der psychoanalytischen Forschung betrachten, finden

wir, daß sein Charakter durch sein Verhältnis zu den
Eltern konstelliert, seine Schicksale und sein Erleben von
seinem Ödipuskomplexe nicht nur abhängig waren, sondern
sozusagen ausschließlich von demselben bestimmt wurden.
Perversion und Neurose, Krankheit und Schaffenskraft,
Eigenschaften und Eigenheiten, alles konnten wir auf den
Elternkomplex, ja nur auf diesen zurückführen. Der große
Dichter, dessen Werke die verstecktesten Regungen der
menschlichen Seele beleuchten, war selbst ein ewiges Kind,
dessen Seele zwischen Liebe und Haß, Verehrung und Miß-
achtung, Opferfreude und Mordgier gegen den Vater hin- und
hergerissen wurde. Ob er von Seelenregungen erzählt, oder
von Gefühlen, von Patriotismus oder Religiosität, alle seine
Gefühle, Gedanken, seine Erkenntnis, alle wurzeln in seinem
Ödipuskomplex oder münden in denselben ein. Des Menschen Schicksal ist sein Ödipuskomplex, können wir sagen,
und noch mehr bereitet dieser das Schicksal des Dichters
und Neurotikers, wie es Dostojewski war.

Wir müssen auf Grund des vorher Gesagten daher erwarten, daß bei der großen Intensität des Ödipuskomplexes des Dichters wir denselben ebenso in jedem seiner Werke vorfinden müssen, wie in jeder seiner Lebensphasen. Dies ist auch tatsächlich der Fall und nachdem wir das reichbewegte Leben Dostojewskis von diesem unserem Standpunkte überblicken, wollen wir sehen, ob unsere Erwartung sich auch bei Analyse seiner Dichtungen erfüllen wird.

Dostojewski trat als fertiger Dichter vor das Publikum. Von seinen Jugendarbeiten sind uns nur die Titel übermittelt. Sehen wir uns also diesen Roman, der das Werk des ungefähr Zwanzigjährigen ist, von diesem Standpunkte näher an. Dieser Antiheld Djewuschin, der trotzdem mit jeder Geste ein vollkommener Held ist, ist ein inzestuös Gebundener. Er liebt, kann aber nicht begehren, wie alle, die am Ödipuskomplex fixiert sind, dies gibt dem Roman den Anschein des Asexuellen. Das Mädchen, welches der Held liebt, ist eine Mutterimago. Sie ist unfrei, d. h. sie hat eine Vergangenheit, in deren Schatten sie lebt und zu welcher Vergangenheit sie am Ende des Romanes wieder zurückkehrt. Den eigentlichen Roman füllt die Rettungsphantasie aus, d. h. die heroische Aufopferung, die Opferfreudigkeit Djewuschins der Geliebten gegenüber. Die Vorbildlichkeit der Sexualität, die nach Freud der Gesamtpersönlichkeit ihren unauslöschlichen Stempel aufdrückt, verursachte es, daß das Leitmotiv dieses Romanes das Entsagen ist. Die Geste, die bei Dostojewski immer wiederkehrt. Trotzdem ist der Roman unverkennbar die Inzestphantasie des infantil Verbliebenen. Es ist, als ob der Dichter zu Gericht gesessen wäre über sein Unbewußtes, es verurteilt hätte, um sich den Gesetzen der Moral zu beugen.

Nicht nur Ibsen erfaßte bewußt, daß das Leben des Dichters ein Kampf gegen seine Komplexe, seine Dichtung ein Gericht über seine unbewußten Tendenzen ist, auch Dostojewski wußte es. Er fühlte es auch von solchen Werken, bei denen tiefgreifende Verschiebungen und Veränderungen nicht offensichtlich erkennen lassen, daß es sich um Komplexe des Dichters handelt. So sagt er nach Beendigung des Goljadkin, als er Nastascha Neswanowna zu schreiben beginnt, seinem Bruder: „Auch dieses Werk wird eine Beichte und Selbstverurteilung sein, wenn auch in anderer Form, als das erstere."

Die kleineren Erzählungen der ersten Periode, der kleine Held, Nastascha Neswanowna, Feiertag und Hochzeit, handeln von der kindlichen Erotik, wie auch über die erotischen Gefühle der Erwachsenen. Während Ärzte und Pädagogen noch immer entrüstet sind über die Entdeckung Freuds, daß dem unschuldigen Kindesalter eine Sexualität und dazu noch eine „perverse" zugeschrieben werden muß, schildert der Dichter in Nastascha Neswanowna zärtliche Fixierung an den Vater mit unvergleichlicher Kraft und Lebendigkeit, wie ja auch die daraus folgende Ambivalenz, der Todeswunsch gegen den anderen Elternteil seinem psychologischen Scharfblicke nicht entgangen ist. Von ihrer Liebe zum Vater läßt der Dichter das kleine Mädchen wie folgt erzählen: „In jener Stunde erwachte in mir eine grenzenlose Liebe zum Vater, aber es war eine wunderliche, gleichsam gar nicht kindliche Liebe ... Der Vater erschien mir immer dermaßen bedauernswert, daß es für mich etwas ganz Unmögliches gewesen wäre, ihn nicht ganz bis zur Besinnungslosigkeit zu lieben und zu trösten, nicht zärtlich zu ihm zu sein ... Ich erzählte bereits von meinem ersten Erwachen aus dem Kindheitsschlaf, von meiner ersten bewußten Regung in einem bewußten Leben. (Gemeint ist das Erwachen ihrer Liebe zum Vater.) Mein Herz war von dem Augenblicke verwundet, meine Entwicklung setzte ein und vollzog sich mit unglaublicher, sich überhastender und ermüdender Schnelligkeit." Von der Zeit an, als der Vater sich wütend vergißt und sagt, daß er erst aufleben werde, wenn seine Frau gestorben sein werde, setzte sich in dem kleinen Mädchen die Hoffnung fest, daß dieses neue Leben auch für sie einen bedeutenden Platz haben werde. „Dann aber, als ich fortwährend darüber nachdachte und mich allmählich an die schreckliche Hoffnung des Vaters gewöhnte, kam mir bald die Phantasie zu Hilfe. Wenigstens ertrug ich die Qual der Ungewißheit nicht lang und mußte wohl naturgemäß zu irgendeiner Vermutung gekommen sein. Und da, ich weiß nicht, wie es anfing, aber zu guter Letzt glaubte ich wirklich, daß der Vater, wenn erst die Mutter gestorben sei, alsbald diese langweilige Wohnung verlassen und mit mir irgendwo hinziehen werde." Dann erzählt sie ausführlich über ihre phantastische Hoffnung, mit dem Vater in einem benachbarten Hause, das reich und schön war und von dem

kleinen Mädchen schon lange angestaunt wurde, zusammen
zu leben. Auch von der Lieblosigkeit des inzestuös fixierten
Kindes weiß uns die Kleine zu erzählen. „Der Mutter
Strenge allein hätte mich nicht so gegen sie einnehmen
können. Aber ich weiß, was es war: es war dies meine
phantastische Liebe zu meinem Vater, die mich in ihrer
Ausschließlichkeit verdarb . . . In meinem späteren Leben
habe ich die Beobachtung gemacht, daß viele Kinder oft
entsetzlich gefühllos sind und daß sie, wenn sie jemand
liebgewinnnen, diesen einen Menschen ganz ausschließlich
lieben und das selbstverständlich auf Kosten Anderer . . .
So wuchs ich in unserer Dachstube auf, und allmählich
steigerte sich meine Liebe, nein, richtiger meine Leidenschaft, denn ich kenne kein anderes Wort, das ein so
unbezwingbares, mich selbst quälendes Gefühl, wie ich für
den Vater empfand, ausdrücken könnte, steigerte sich bis
zu einer krankhaft ausgearteten Empfindsamkeit. Ich kannte
nur noch eine einzige Lust, an ihn zu denken, von ihm
zu träumen, nur noch einen Wunsch und Willen — alles
zu tun, nur um ihm eine Freude, oder sei es ein noch
so kleines Vergnügen zu bereiten. Wie oft erwartete ich
ihn, zitternd und blau vor Kälte auf der zugigen Treppe,
nur um wenigstens ein paar Augenblicke früher sein
Kommen zu hören und ihn zu sehen. Streichelte er mich,
wenn er bisweilen zärtlich zu mir war, so wurde ich ganz
wirr vor Freude. Und dennoch peinigte es mich oft bis
zum körperlichen Schmerz, daß ich in meinem Verhalten
zu meiner armen Mutter hartnäckig und kühl blieb . . .
In der Tat, diese wunderliche Anhänglichkeit erinnerte
etwas an einen Roman."

Wenn wir die Herzensergüsse des kleinen Mädchens hier (gekürzt) wiedergeben, so geschieht es nicht nur um zu zeigen, daß Dostojewski den Ödipuskomplex der Kinder bis in die feinsten Regungen kannte, sondern weil er diese Regungen an sich selbst erkannte. Das Mädchen liebt in dieser Weise einen von Trunkenheit verkommenen Vater, also handelt es sich eigentlich um den Ödipuskomplex des Dichters. Wie wir später sehen werden, behandelt der „Jüngling" dasselbe Problem, nur daß hier direkt die Ambivalenz des Knaben das Leitmotiv bildet.

Auch in den übrigen Erzählungen der ersten Epoche von Dostojewskis dichterischem Schaffen wird sozusagen Gerichtstag gehalten über die kindliche Erotik, über den Unfug, Kinder als erotisches Spielzeug zu behandeln (der kleine Held), über die Unvergänglichkeit der kindlichen Eindrücke, wie auch über die Perversionen des Kindesalters. (Nastascha Neswanowna, der kleine Held, Feiertag und Hochzeit.)

Der Doppelgänger, der seine Phantasie ungefähr zu gleicher Zeit beschäftigt, ist ebenfalls eine Selbstverurteilung, wie dies der Dichter in einem an seinen Bruder geschriebenen Brief erkennt. Die Figur des Goljadkin entsteht in ihm in jener traurigsten Epoche seines Lebens, wo nach dem Tode des Vaters und vor der Petraschefsky-Affaire seinem ersten großen Erfolge kein zweiter auf dem Fuße folgt. Die Selbstverurteilung spaltet den Charakter Goljadkins in zwei einander entgegengesetzte Teile. Einerseits wird das narzißtische Ichideal in dem erfolgreichen, selbstbewußten, charaktervollen Goljadkin II. abgespalten und von dem übrigen Ich, des kleinen, gedrückten,

auf der Schattenseite des Lebens wandelnden freud- und
erfolglosen kleinen Beamten als voll existierend und feindlich gegenüberstehend empfunden, andererseits verkörpert
Goljadkin II. die Wunschphantasie des kleinen Beamten,
(d. h. des Dichters selbst), der erreicht, was dieser selbst nur
gewünscht und niemals verwirklichen konnte, dem alle
Schicksalsmöglichkeiten offenstehen, die dem unglücklichen
Beamten vorenthalten wurden. Freuds Untersuchungen über
den Narzißmus und Ranks „Motiv des Doppelgängers"
decken sich vollkommen mit der Phantasieschöpfung Dostojewskis. Für die Entstehung dieses kleinen Meisterwerkes,
auf das der Dichter übrigens sehr stolz war, wird das
Minderwertigkeitsgefühl und Schuldbewußtsein des Neurotikers verantwortlich sein, des Dichters oft erwähnter
krankhafter Stolz auf dieses Werk ist wohl als Kompen-
sation für das Minderwertigkeitsgefühl aufzufassen, welches
sich in der Dichtung manifestiert. Niederdrückende Armut,
Erfolglosigkeit, Unzukömmlichkeiten mit Freunden werden
an der Stimmung, die dieses Werk hervorbrachte, wohl
ihren Anteil haben, werden das vorbewußte Material ge-
bildet haben, die eigentliche Triebkraft aber entstammt
sicher dem Unbewußten, dem Ödipuskomplex. Eigentlich geht
dieser Antiheld an seiner unglücklichen, verlachten und ver-
schmähten Liebe zu Grunde, d. h. sein Wahnsinn wird mani-
fest, als er nicht zum Geburtstag der Angebeteten geladen
wird. Die erste unglückliche Kinderliebe, die damit enden muß,
daß sie verlacht und verschmäht wird und die das berüch-
tigte Minderwertigkeitsgefühl des Neurotikers verursacht, hat
unserem Dichter unbewußt vorgeschwebt, wenn er seinen
Helden an verschmähter Liebe zu Grunde gehen läßt.

All diese Werke der ersten Periode haben den
Ödipuskomplex zum Stoffe, sind aber sozusagen nur die
Ouverture. Die Urtat, wie die Psychoanalyse den Vatermord nennt, wird in der Katorga verbüßt, nach der
Petraschefsky-Affäre wird aus dem Empörer ein Demüti-
ger, aber die rächenden Eumeniden sind hinter dem
Dichter her, geben ihm keine Ruhe, fortan hört er
nicht auf, seine Schuld zu sühnen, seine Helden werden
die bekehrten Nihilisten, er wird der Dichter des Anti-
nihilismus, d. h. die Revolte gegen den Vater und Strafe
und Sühne derselben bilden fortan sozusagen das einzige Thema seiner Dichtung, ja seiner literarischen Werke
überhaupt. Mit Rodion Raskolnikow (1866) beginnt diese
zweite Epoche seines Schaffens, die bis zu seinem Tode
dauerte. Wie gewaltig auch jede einzelne seiner Schöp-
fungen dieser zweiten Epoche ist, keine brachte ihm die
Befreiung von seinem Ödipuskomplex, wie dies z. B. bei
Gottfried Keller der Fall war, keinen Augenblick seines
künftigen Lebens und Schaffens wird er fortan im Kampf
gegen den Vatermord frei, weil dieser Drang zur Urtat
eben nie restlos erledigt wurde. Mereschkowski und
andere Kritiker wollen wissen, daß das Todesurteil
mit der grausamen Inszenierung der nachfolgenden Be-
gnadigung jenen Bruch in des Dichters Seele verursachte,
der nie wieder heilte und die Eigenheiten seines Schaffens,
das Enigmatische daran verursachte. Der Dichter selbst
erwähnt das Todesurteil oft als erschütterndes Ereignis,
das es ja in der Tat war. Jedoch besitzen bewußte Erinnerungen nie diese faszinierende Eigenschaft, welche nur
dem Unbewußten zukommt, und so erklärt die Eigenheiten

des Dostojewskischen Schaffens restlos nur die Berück-
sichtigung seines Ödipuskomplexes. Aimée Dostojewski
meint, daß ihr Vater im Raskolnikow den jungen Leuten
von zwanzig Jahren und besonders den Studenten zeigen
wollte, wohin einen braven, talentvollen, ja selbstlosen
jungen Menschen der Hochmut, die Selbstüberhebung,
der Mangel an christlicher Gesinnung treibt. Aber nichts
steht dem erschütternden Romane so fern, als hausbackene
pädagogische Absichten. Es ist der grandiose Kampf des
Menschen mit dem Ödipuskomplex, der in seinem Unbewußten tobt, den Dostojewski darstellt. Die alte Wucherin,
die Raskolnikow tötet, ist eine Vaterimago. Schon allein
der Geiz, den sie bekundet, welcher den jungen Studenten
so aufbringt, wie einst den Dichter gegen seinen
Vater, kennzeichnet sie als solche. Daß der Dichter eine
Frau zur Vaterimago wählt, mag in dem Umstand seine
Erklärung finden, daß seine Schwester Barbara, die er als
Kind besonders liebte, in ihren späteren Jahren von einem
krankhaften Geiz befallen wurde. Die Unglückliche soll,
trotzdem sie glänzend verheiratet, von ihrem Manne einige
Zinshäuser erbte, und trotzdem sie ihre Kinder glänzend
versorgte, so gelebt haben, wie die ärmste Bettlerin. Nur
einmal wöchentlich kaufte sie etwas Brot und Milch,
weinte und jammerte, wenn sie ihren Geldbeutel öffnen
mußte, lebte ohne Dienerschaft und wurde endlich von
einem jungen Mann, der in der Nähe ihres Hauses
wohnte, mit Hilfe eines Bauern ermordet. Im Familien-
kreise war dieser tragische Tod der Schwester wahrscheinlich vorausgesehen, und so geschah es, daß Dostojewski
statt des männlichen Wucherers eine weibliche Figur

beschreibt.* Die Identität des Dichters mit Raskolnikow
liegt auf der Hand. Derselben Schuld folgt hier dieselbe
Sühne, die Verbannung nach Sibirien wird Raskolnikow
läutern, wie sie einst den Dichter läuterte. Sonja ist eine
Mutterimago. Wie wir bereits erwähnten, ist es für den
an die Mutter fixierten Neurotiker bezeichnend, die Mutter
unbewußt der Dirnenhaftigkeit zu zeihen. Wieder einmal
hielt der Dichter Gerichtstag über sich selbst, um sich zu
sagen, demütige dich, du bist eine Laus. Entsage!

In den Beleidigten und Erniedrigten kämpft er wieder
den Kampf mit dem Ödipuskomplex. Zu der Figur der
Nastascha des Romanes soll seine erste Frau Maria Dimitrijewna Modell gestanden sein, seine unerwiederte Liebe
den Gegenstand des Romanes geliefert haben. Maria
Dimitrijewna aber entpuppte sich uns bereits als Mutterimago, und so ist die Frau, der er entsagt, die zu lieben
er nie aufhört, die ihm aber nie angehören kann, wieder
nur die Mutter. Die Beleidigten und Erniedrigten ist der
schwächste Roman Dostojewskis. Er meinte später selbst, daß
er papierene, aus Büchern stammende Menschen schilderte,
die weder Fleisch, noch Blut haben. Die Selbstverurteilung
ist richtig, was den Wert des Romanes betrifft, die Schuld
aber trägt wieder nichts Anderes, als der Ödipuskomplex.
Daß der alte Herzog Valkovskij eine Vaterimago bedeutet,
den bösen Vater, der den Inzestgelüsten des Sohnes im
Wege steht, ist offenbar. Dieser Vater aber, der das Liebes-
verlangen seines Sohnes unterdrückt, wird aus infantiler,

---

*) Nach Kapplan soll das „sich auf die Alte stürzen" einen unbe-
wußten sexuellen Nebensinn haben, es bedeutet den Inzest. S. „Der tragische
Held und der Verbrecher".

ambivalenter Einstellung als Monstrum geschildert. Die
kranke Charakteristik dieser fast operettenhaften Charaktere
entspringt dem Unbewußten, es ist die laute Sprache des
Infantilen, die sich hier äußert, und dieser ist kein Ton
zu schreiend und unharmonisch, wenn es gilt, den gehaßten
Nebenbuhler anzuschwärzen.

Am besten gelingt die Verdrängung des Ödipuskomplexes
im Idioten. Die schöne Handschrift, die der Fürst schreibt,
seine graphologischen Kenntnisse, seine „heilige Krankheit",
seine Gedanken über die Todesstrafe charakterisieren ihn
genugsam als idealisiertes Selbstporträt. Natürlich sind die
Gestalten, die ihn umgeben, mit ihren ungezügelten Trieben,
niedriger Gesinnung und unverdauter Ideologie wieder Abspaltungen des eigenen Charakters. Seiner eigenen, dis-
harmonischen Natur schwebt die harmonische, ungeteilte
(nicht ambivalente) Natur des Idioten als Wunschphantasie
vor. Einfältig zu sein, Gott-Vaters auserkorenes Kind zu
sein, das er wegen seiner Einfältigkeit und Unschuld am
meisten liebt, leidenschaftslos und wunschlos sein, keinen
Ödipuskomplex zu haben, dieser unbewußte Wunsch bildet
das Motiv dieses eigenartigen Romans. Statt aktiv nach
der Mutter zu verlangen, phantasiert der Dichter hier
eigentlich eine Verführungsszene (Potipharphantasie), die
leidenschaftliche Nastasia Fillipowna, sowie Aglaja sind
wieder Mutterimagines. Die Verdrängung der unbewußten
Inzestregungen ist hier am vollkommensten, der Held
scheinbar ganz asexuell. Das Gebot des Entsagens ist hier
in seiner schärfsten Fassung in Kraft. Entsage, bedeutet
hier nicht nur das Verzichten auf den Inzest, sondern auf
die sexuelle Liebe überhaupt. Die Inzestliebe ist vollkommen

sublimiert, als Menschen- und Nächstenliebe. Die Christus-
identifikation Dostojewskis wird hier ganz offenkundig,
die Sublimierung gelingt in dieser Dichtung am vollkommensten.

Umso heftiger tobt der Kampf im folgenden großen
Roman, in den Dämonen. Dostojewski findet keine Farbe
zu grell, keinen Ton zu schreiend, um den Nihilismus,
d. i. Empörung gegen den Vater zu brandmarken. Während
Schiller, dem bekannterweise sein Vaterkomplex auch viel
zu schaffen machte, immer Freiheitshelden schildert, kennt
Dostojewski infolge seiner heftigen Verdrängung dieses
Komplexes nur die Karikatur des Helden, nur den Abhub
des Nihilismus, die edlen Gestalten der Märtyrer der
russischen Freiheitsidee, wie z. B. die edle Gestalt des
Herzogs Krapotkin, existieren für ihn überhaupt nicht.
„Das Buch ist von leidenschaftlichem Hasse eingegeben
und hat leidenschaftlichen Haß geweckt" sagt ein Literatur-
historiker, allein mit Unrecht. Haß gegen sich selbst, gegen
das Verbrechen des Ödipus ist die Wurzel dieses Buches.
Die bewußte Persönlichkeit, sozusagen das politische Credo
Dostojewskis repräsentiert die Person Schatows, doch in
viel tieferen Seelenschichten, als die Invektiven gegen den
politischen Nihilismus wurzeln jene Seiten des Romanes,
in welchen der Dichter Gericht hält über den Atheismus,
über die sexuelle Immoralität der Nihilisten, d. h. über sich
selbst. Stawrogin verkörpert den vollkommen ungläubigen,
entarteten und perversen Gottesleugner, der Tod und Verderben um sich streut, das Böse um des Bösen Willen tut,
weil er entwurzelt ist, „weil er das Band mit der Heimat"
zerrissen hat, ohne welches es kein Heil auf Erden gibt.

Daß aber diese Liebe zum Erdboden, zu Mütterchen Rußland der unbewußten Inzestphantasie entspringt, haben
wir schon betont. Der Inzestwunsch regte sich also bei
dem Dichter, während er die Gestalt Stawrogins schuf,
die Person des Kyrillow personifiziert die Revolte gegen
den Vater. Epileptiker und Grübler, wie der Dichter selbst,
ist er der Maniakus des Unglaubens. Der Mensch erfand
Gott — läßt ihn der Dichter sagen — um das irdische Leben
und den Schrecken des Todes ertragen zu können. Wer
diesen Betrug aufdeckt, wer sich vor dem Nichts nicht
fürchtet und sich zu töten wagt, ist selbst Gott. Hier erreicht die Ablehnung des Vaters die exzessivste Form. Frei
will Dostojewski sein von der infantilen Sehnsucht nach
dem Himmlischen, d. h. nach dem irdischen Vater, frei
von Liebe, Sehnsucht und Furcht möchte er furchtlos verzichten auf das Kinderparadies des blinden Glaubens und
der Sphinx der Realität fest ins Auge blicken. Kyrillow
rettet sich in den Tod, der Dichter aber geht mit seiner
Empörung wieder einmal ins Gericht und wieder einmal
kehrt er zum Glauben, zu seiner kindlichen Einstellung
zu Gott-Vater zurück. Es ist aber ein Pyrrhussieg, den er
erfochten hat, der immer wieder ausgefochten werden muß,
weil sein Hosianna durch Gotteslästerung geht.

Spielt sich der Kampf gegen den Ödipuskomplex in
den erwähnten Romanen, von Raskolnikow bis zu den
Dämonen, sozusagen in Übertragung als Kampf gegen den
Nihilismus ab, so wird der eigentliche Komplex im „Jüngling"
wieder lebendig. Makarewits Arkadij, der Sohn einer Leibeigenen und des Gutsherrn, der sie geraubt (Familienroman) wird als einziger armer Schüler unter vielen Reichen

in einem Privatinstitute erzogen. Sein Vater bezahlt wohl den kärglichen Erziehungsbeitrag, kümmert sich aber um den Knaben fast gar nicht. Wie die Phantasie des Knaben von der einmal gesehenen glänzenden Gestalt des Vaters gefangen genommen wird, wie das ambivalente Verhalten gegen den Vater die ganze Seele des Knaben erfaßt und ausfüllt, dies ist der eigentliche Stoff des Romans. Wie viele Mängel auch diesem Romane mit Recht vorgeworfen werden können, wie sehr sich das Sprunghafte der Erzählungweise Dostojewskis auch fühlbar macht, so daß dieser Roman zu den wenigen schwächeren Werken des Dichters gerechnet wird, nie ward eine glänzendere Schilderung des ambivalenten Verhaltens des Knaben gegeben. „Mit jedem meiner Gedanken und Träume klebte ich an ihm" läßt der Dichter den Jüngling reden. „Jeder meiner Träume war mit ihm verknüpft, beschäftigte sich gewöhnlich ausschließlich mit ihm, oder endigte im Resultat mit seiner Person. Ich weiß selbst nicht, ob ich ihn liebte oder haßte." Der bewußte Grund dieser ambivalenten Einstellung des Sohnes ist die verletzte Eitelkeit, der gewöhnliche Familienroman der Neurotiker, vom Vater verlassen, in niederen Verhältnissen auferzogen worden zu sein, aber auch der Ödipuskomplex meldet sich alsbald unverhohlen, wenn auch verschoben. Einerseits macht der Held die Mutter zur Dirne, indem er sie in Liebe zum Herzog Versilow erglühen und ihren Mann verlassen läßt, andererseits liebt der Jüngling alsbald jene Frau, die sein Vater geliebt und fortwährendes Mißtrauen und Eifersucht entwickeln sich alsbald im Sohne. Auf die Identität des Helden mit dem Dichter weisen hier nicht nur zahlreiche

autobiographische Züge hin, sondern auch der Umstand, daß
die Idee, welche das treibende Motiv der Handlungen des
jungen Mannes ist, reich, unermeßlich reich zu sein, ein
Wunsch war, den Dostojewski während seiner Jünglings-
zeit aus Haß gegen den Vater nur allzu oft hegen mochte.
Als hätte dieses sozusagen direkte Ausleben des Ödipuskomplexes eine kathartische Wirkung auf den Dichter
ausgeübt, versiegt für die nächsten Jahre die dichterische
Produktion, deren Quelle ja das aus dem Ödipuskomplex
stammende Schuldbewußtsein ist. Die Jahre 1873—1880
sind fast ausschließlich der publizistischen Tätigkeit ge-
widmet, doch ist dieselbe außerordentlich subjektiv und
der Komplex läßt sich als Wurzel derselben immer wieder
erkennen. Politik, Tagesereignisse, kriminalistische Affären
werden glossiert, Erinnerungen an die Jugend tauchen auf.
Aber die ewige Melodie des „Ödipus" kann auf diesem
so entfernten Gebiete trotzdem herausgehört werden. Liebe
zur Mutter-Erde Rußland, Achtung vor den Gesetzen des
Gott-Zaren-Vaters, Hingebung an die orthodoxe Mutter-
Kirche, diese Melodie erklingt in allen Variationen. Dazu
die Identifizierung des russischen Volkes mit Gottes aus-
erwähltem Volke, resp. die Identifizierung der eigenen
Person mit der des Heilandes.

Wie subjektiv diese lyrischen Ergüsse, diese publizistische Romantik auch gewesen waren, für die Dauer konnte
sie dem Ausleben des Unbewußten nicht genügen. Noch
einmal regt sich das Schuldbewußtsein mit solcher Macht
und so laut, wie nie zuvor, der Dichter singt seinen
Schwanengesang, die letzte Variation des ewigen Liedes.
Doch nur als Grundmotiv erklang es in den drei dicken

Bänden des Romanes, es wurde nicht zu Ende gesungen, da
eine Lungenblutung dem unruhigen Leben Dostojewskis am
19. Januar 1881 ein Ende bereitete. Ganz laut, fast bewußt, erscheint hier der Gewissenskonflikt. Doch nur für
den Dichter selbst endet hier der Kampf mit dem Ödipuskomplex, seine Gestalten kämpfen den ewigen Kampf
weiter. Es war dem Dichter nicht gegeben, Hosianna zu
singen, die Saite sprang, als er das Lied anstimmte und
das weitere Geschick der drei Vatermörder blickt uns ewig
rätselhaft wie die Sphinx an. Wird Mitja das Kreuz auf
sich nehmen? Und wenn auch der Hedonismus Iwans,
sein Skeptizismus und Materialismus gebrochen ist, wird
er Slawophile und Strenggläubiger? Und wird seine kräftige
Natur den Tod besiegen? Und wird Aljoscha aus dem
Fegefeuer des Lebens geläutert hervorgehen? So endet die
Geschichte der Vatermörder nicht und ein großes Frage-
zeichen bleibt im Leser zurück. Als ob sich der Dichter
die Frage vorlegte: Kann man der Mutter entsagen? Kann
man die auf den Vater gerichteten Todeswünsche auf-
geben? Nicht der Tod des Dichters ist der letzte Grund,
daß dieser Roman ein so gewaltiger Torso blieb, sondern
der unsterbliche Komplex ließ ein harmonisches Ausklingen
nicht zu.

Entgleiste, Perverse, disharmonische Charaktere, Geistes-
kranke bilden die gespenstische Schar der Dostojewskischen
Helden. Kein einziger ist geistig gesund, kein einziger
lebt das Leben eines Alltagsmenschen. Wilde, ungezügelte
Triebe leiten die Handlungen dieser Menschen, sie wenden
sozusagen ihr Unbewußtes gegen den Leser und enthüllen
die seltsamsten Geheimnisse ihres Seelenlebens. Dostojewski
malt das unbewußte Seelenleben dieser seiner Helden, als
ob er die Psychoanalyse lange vor Freud, sozusagen zu
seinem Privatgebrauche, entdeckt hätte. Sein Wissen um
die Geheimnisse der menschlichen Seele ist nicht bloß
das intuitive Wissen der Dichter, bewußt spricht er oft
Wahrheiten aus, die die Psychoanalyse fast ein halbes
Jahrhundert später entdeckte, und sind diese Wahrheiten
auch nicht nach streng wissenschaftlicher Methode gewonnen, so sind sie für die Psychoanalyse doch von unend-
lichem Werte, weil die Wahrheiten der neuen Wissenschaft auf einem anderen Gebiete und mit einer völlig
anderen Methode sich bewahrheiteten. In seinen Auseinan-
dersetzungen mit Jung meint Freud, daß jeder, der die
Existenz des Unbewußten und der Verdrängung anerkennt,
verdiene, Psychoanalytiker genannt zu werden. Dostojewski
erfaßt die Existenz des Unbewußten völlig klar. Im „ewigen
Gatten", dieser herben Selbstverspottung, läßt er den Lieb-

haber über den mit Hörnern gezierten Gatten, der in
seinem Schmerze nach Petersburg kommt, nachdem er
nach dem Tode seiner Gattin deren Untreue erfährt, den
Verführer aufsucht und mit einem Rasiermesser verletzt,
über all diese Ereignisse also philosophieren (interessant
ist, daß Dostojewski dieses Kapitel „Analyse" betitelt):
„wenn es nun wirklich feststeht, daß sein Mordanschlag
ein unvorbereiteter war, sollte ihm dann der Gedanke,
mich umzubringen, nicht wenigstens einmal schon früher
in den Kopf gekommen sein? Wenn auch nur als Einfall,
in einem Augenblick der Wut?" Er beantwortet sich die
Frage sehr sonderbar, und zwar dahin, daß Pawel Pawlowitsch ihn allerdings habe ermorden wollen, daß jedoch
der Gedanke an einen Mord dem Mörder kein einziges
Mal vorher in den Sinn gekommen sei. „Kurz, Pawel
Pawlowitsch wollte mich ermorden — sagte er sich —
wußte aber selbst nicht, daß er es wollte. Das
klingt widersinnig, ist aber trotzdem richtig."
„Nicht um sich versetzen zu lassen, und auch nicht
Bogotoffs (der andere Liebhaber seiner Frau) wegen ist er
nach Petersburg gekommen, obzwar er sich versetzen
lassen wollte und sich über den Tod Bogotoffs ärgerte.
Aber wegen mir war er gekommen. Er ist nach Petersburg gekommen, um mir um den Hals zu fallen
und mit mir zu weinen, wie er sich selbst gemein
ausdrückte, d. h. um mich zu ermorden, und glaubte
doch selbst, daß er fahre, um mich zu umarmen
und mit mir zu weinen."

Klarer hat wohl die Existenz des Unbewußten, die
Tatsache, daß intensiv wirksame Gedankengänge dem

Bewußtsein dauernd entzogen in unserer Seele existieren
können, noch niemand erfaßt. Daß dieser arme Pawel
Pawlowitsch, der betrogene Gatte, eine Stunde bevor er
den Liebhaber seiner Frau töten will, denselben sorgsam
und zärtlich pflegt, als Weltschaninoff plötzlich eine heftige
Gallensteinkolik bekommt, das ganze Haus alarmiert, seinem
Nebenbuhler Teller auf den Bauch wärmt, diese mit dem
eigentümlichen Humor eines humorlosen Menschen ge-
zeichnete Szene, beweist, wie genau der Dichter die von
Bleuler beschriebene Eigentümlichkeit der neurotischen
Seele, die Ambivalenz kannte. Doch nicht nur diese gro-
teske Form der Ambivalenz kennt und beschreibt der
Dichter. Dostojewski, der selbst in allen Lebensbeziehungen
diese starke Ambivalenz aufweist, teilt diese Eigenschaft
jedem seiner Helden mit. Sie kennen dieses Gefühl in
allen nur möglichen Abarten, Kinder den Eltern, Freunde
den Freunden, Liebhaber den Geliebten gegenüber. Alle
lieben und hassen zu gleicher Zeit, mit derselben Intensität. Keiner von ihnen weiß eigentlich selbst, ob er liebt
oder haßt, verehrt oder verachtet, alle sind durchaus zwie-
spältige Charaktere. Vom kleinen Knaben angefangen, der
den Vater glühend liebt, dem dieser das Sinnbild aller Voll-
kommenheiten bedeutet, und den er zu gleicher Zeit bitter
haßt, ja verachtet, bis zum vorhin erwähnten Ehemanne, der
den Liebhaber pflegt, um ihn dann „gerettet" zu ermorden,
der sich über die Untreue der toten Gattin nicht beruhigen
kann, um sofort danach eine andere Ehe einzugehen, sind
alle Helden und Heldinnen in allen Situationen ambivalent.
Iwan Karamasow liebt und haßt Katja zu gleicher Zeit,
die diese ambivalenten Gefühle erwidert, und dabei noch

zwischen den zwei Brüdern Iwan und Mitja nicht zu
wählen vermag. Gruschenka weiß bis zum entscheidenden
Augenblick selbst nicht, ob sie Mitja haßt und verachtet,
oder so sehr liebt, daß sie ihm in Verbannung, ja in den
Tod folgen möchte. Nastascha Fillipowna liebt den Fürsten
Myschkin und entläuft ihm, ihr Geliebter Rogozin liebt
sie so leidenschaftlich, daß er sie ermordet, um sie völlig
und auf ewig zu besitzen. Aglaja verehrt den „Idioten",
in dem sie den wahren Jünger Christi erkennt und verspottet ihn trotz alledem fortwährend.

Aber auch auf andere Gefühlsregungen wie die erotischen erstreckt sich diese Zwiespältigkeit. Aljoscha Karamasow hegt den glühenden Wunsch, Mönch zu werden,
und gesteht dabei seinem Freunde, daß er eigentlich nicht
einmal wisse, ob er an Gott glaube. Marmeladow verkauft
die letzten Kleidungsstücke seiner Frau, um dem Laster
der Trunksucht zu fröhnen, er gibt seine Familie dem
entsetzlichsten Elend preis, und ist dabei doch der zärt-
lichste Vater und der rücksichtsvollste Gatte. Seine Frau
mißhandelt ihre Kinder, weil ihr Herz blutet, daß sie vor
Hunger weinen. Sie treibt ihre Stieftochter Sonja auf die
Gasse, in die Arme der Prostitution, und tut dies mit
bitteren, hohnvollen Worten, um ihre Schmach dann gegen
jedermann zu verteidigen, und ihre Füße zu küssen, als
sie von dem Wege der Schande nach Hause kommt. Die
Ambivalenz des kleinen Mädchens gegen die Mutter zeigt
uns Dostojewski in Nastascha Neswanowna, die des Knaben
gegen Vater und Mutter im „Jüngling". Er kennt alle
Motive dieser zwiespältigen Einstellung, wie Eifersucht,
beleidigte Eitelkeit, und vor allem die unersättliche Gier

des Kindes, vom geliebten Elternteil Zärtlichkeit zu bekommen und betreut zu werden.

Die kindliche Sexualität, gegen deren Existenz sich Ärzte und Männer der Wissenschaft immer wieder sträuben, kennt Dostojewski genau und mit allen ihren „perversen" Komponenten. Im „Jüngling" läßt er den kleinen Knaben von seiner Liebe zum Vater also reden: „Mit allen meinen Gedanken und Träumen klebte ich an ihm. Jeder meiner Träume stand mit ihm im Zusammenhange, beschäftigte sich gewöhnlich ausschließlich mit ihm oder endigte in seiner Person. Ich weiß selbst nicht, ob ich ihn liebte oder haßte, doch jeder meiner Zukunftspläne und Träume drehte sich um ihn, er war der Mittelpunkt jenes Lebens, das meiner noch harrte." Oder an einer anderen Stelle spricht er über den Vater: „Bereits in meiner Kindheit war ich daran gewöhnt, daß ich diesen Mann, meinen zukünftigen Vater, mir in einem gewissen Glanze vorstellte. In meinen Träumen blieb er mir stets in einem gewissen Glanze im Gedächtnis. Endlich, ich bin gezwungen, ein vollständiges Bekenntnis abzulegen: Ich liebte diesen Menschen. Und warum ich mich in ihn verliebte, auf ewig, während eines einzigen kurzen Augenblickes, als ich ihn in meiner Kindheit einmal sah? Unsere Begegnung ist eine ganze Geschichte, die keinen Kern hat, ich jedoch baute daraus eine ganze Pyramide. Diese Pyramide begann ich bereits in meinem kleinen Kinderbett zu bauen, bevor ich einschlief, und gerne geweint hätte oder geträumt. Wovon? Ich weiß es selbst nicht. Ist es seine Schuld, daß ich mich in ihn verliebte, und aus ihm ein phantastisches Idealbild schuf?" Es gibt in

der Weltliteratur keine Beschreibung, die die zärtliche
Fixierung des Knaben an den Vater anschaulicher und
wahrheitsgetreuer schilderte, als diese, die einem von der
Literaturgeschichte als schwach klassifizierten Romane des
Dichters entstammt. Die zärtliche Fixierung der kleinen
Nastascha Neswanowna erwähnten wir schon früher. Der
Haß und die Eifersucht gegen die Mutter, die der erhofften
ewigen und vollkommenen Vereinigung zwischen dem
kleinen Mädchen mit dem Vater im Wege steht, die
Todeswünsche gegen diese Mutter, die vollkommene Ge-
fühllosigkeit der Kleinen gegen diese gehaßte Konkurrentin,
trotz besserer Einsicht, die Phantasien, nach dem ersehnten
Tode der Mutter mit dem Vater in glänzenden Verhältnissen, in ewiger Seligkeit zusammen zu leben, die heftige,
von Sexualität unzweifelhaft unterfütterte Leidenschaft für
den Vater, all dies gibt eine glänzende Schilderung der
kindlichen Erotik, die sich mit der Entdeckung Freuds
bis ins Einzelne vollkommen deckt.

Doch kennt Dostojewski nicht nur die zärtliche Fixierung des Kindes an den andersgeschlechtlichen Elternteil,
sondern auch die ersten zarten Regungen der Sexualität gegen
Fremde, wie auch den erotischen Untergrund jener Zärtlichkeit der Erwachsenen, deren sexuellen Unterton der
Analytiker so gut heraushört, welche Sache aber von Nicht-
analytikern immer wieder bestritten wird. Den kleinen
Knaben von elf Jahren läßt Dostojewski über die gefähr-
liche Unsitte, das Kind als erotisches Spielzeug zu behandeln,
also sprechen: „In den Augen all dieser reizenden Damen
war ich noch das kleine unbestimmte Lebewesen, das sie
liebkosten und mit dem sie wie mit einer Puppe spielen zu

dürfen vermeinten. Ich war natürlich noch ein Kind, nicht
mehr als ein Kind, und die schönen Damen, die mich liebkosten, machten sich weiter keine Gedanken über mein
Alter, aber merkwürdig! Trotz meiner elf Jahre bemächtigte
sich meiner zuweilen doch schon eine seltsame Empfin-
dung, die ich freilich selbst vorläufig noch nicht begreifen
mochte: es war, als streiche irgend etwas ganz leise und zart
über mein Herz, etwas Unbekanntes und Ungeahntes, wovon mein Herz wie nach einem heftigen Schreck zu brennen
und zu pochen begann, und mir oft ganz plötzlich das
Blut heiß ins Gesicht trieb. Es kamen Augenblicke, in
denen ich mich der verschiedenen kindlichen Vorrechte,
die ich genoß, geradezu schämte und sie fast als persön-
liche Beleidigung empfand." Gerade so anschaulich ist die
folgende Schilderung des erotischen Spieles, das eine über-
mütige Schöne durchaus nicht harmlos mit dem kleinen
Knaben spielt. Kurz, Dostojewski wußte nur zu gut, und
zeigte es in jedem seiner Werke, daß das Kind von drei,
vier Jahren bereits ein reiches, erotisches Leben lebt, aller
Liebesäußerungen des Erwachsenen fähig ist und daß
diese Sexualität des zartesten Kindesalters nicht nur den
Charakter, sondern auch die Lebensschicksale dauernd, ja
für ewig beeinflußt.

Über das Wissen Dostojewskis vom Traume können
wir nicht genug staunen. Im „Jüngling" z. B. läßt er seinen
jungen Helden einen Traum erzählen. Nach einer langen
Krankheit träumt der Jüngling diesen Traum, von dem
er sagt, daß er einen Wendepunkt seines Lebens bedeutete,
und ihm ewig in Erinnerung blieb. Arkadij sieht sich in
einem schönen und großen Zimmer. Herein kommt die

Geliebte, von der er sich wachend gar nicht getraut, sich
selbst zu gestehen, daß er sie zu lieben wagt. Doch sie
sieht ihn mit verführerischen, ja herausfordernden und
schamlosen, lächelnden Mienen an, und gibt ihm deutlich
zu verstehen, daß sie für das Dokument, das Arkadij in
seinen Kleidern eingenäht aufbewahrt, und dessen Inhalt
für die schöne Frau sehr gefährlich ist, bereit wäre ihm
ihre Gunst zu schenken. „Oh, dieser Traum" ruft der
Jüngling — erwacht und an diesen Traum beschämt zurück-
denkend — aus: „Fort, fort mit dieser erniedrigenden Erinnerung! Verfluchter Traum! Ich schwöre, daß vor diesem
schamlosen Traume in meinem Geiste nichts lebte, was
einem so schmachvollen Gedanken auch nur ähnlich gewesen wäre. Nicht einmal unwillkürlich lebte in mir eine
solche Phantasie, (obzwar ich das Dokument in meiner
Tasche eingenäht trug und manchmal lächelnd in meiner
Tasche befühlte). Doch wie war das möglich, daß all dies
in dieser fertigen Form in mir auftauchte? Dies kam daher,
daß in mir die Seele einer Spinne lebte! Dieser Traum
beweist, daß in meinem verderbten Herzen all dies schon
lange keimte, in meinem Wünschen lag, doch im wachen
Zustande schämte sich mein Herz noch dafür und getraute
sich nicht, etwas derartiges bewußt zu vergegenwärtigen.
Doch im Traume zeigte meine Seele, was in meinem
Herzen lebte, zeigte es in scharf sichtbaren Bildern, der
Wahrheit gemäß und in prophetischer Form. Der Traum,
den ich damals sah, ist eines der eigentümlichsten Ereignisse meines Lebens." Hier zeigt Dostojewski, daß er
bewußt die wunscherfüllende Tendenz des Traumes, die
Regression, den erotischen Charakter der verdrängten

Wünsche, also sozusagen alle Ergebnisse der Freud'schen Traumforschung erkannt hatte.

Der regressive Charakter des Traumes ist ihm auch sonst geläufig. So träumt Raskolnikow an dem Tage, wo er den Entschluß faßt, die alte Wuchererin zu ermorden, daß er als kleiner Knabe, vom Vater an der Hand geführt, weinend zusieht, wie ein betrunkener Bauer sein kleines mageres Pferdchen mit schrecklichen Peitschenhieben tötet. Erschöpft und schweißtriefend erwacht er mit klopfendem Herzen und sein erster Gedanke ist: „Werde ich die alte Frau wirklich töten?" Es scheint, als ob Dostojewski nicht nur die Tendenz des Traumes, vor aktuellen Schwierigkeiten des Lebens in die Kindheit zu flüchten, kenne, sondern als ob er auch die Traumsymbole kenne, oder sie wenigstens intuitiv richtig zu gebrauchen verstehe. Das Pferd ist als Symbol der zu tötenden Frau, also in diesem Falle als Vaterimago, da ja die alte Frau im Unbewußten den Vater Dostojewskis bedeutet, richtig gebraucht.

Denselben regressiven Charakter zeigt auch der Traum Dimitrij Karamasows, als er nach begangenem Morde zu seiner Geliebten fährt. Er träumt von einem kleinen Knaben, der vollkommen verlassen und vernachlässigt heftig weint. Also wohl von seiner eigenen Kindheit, in welcher ihn sein Vater so sehr vernachlässigte, im Hinterhause aufwachsen ließ, wo ihn nur ein treuer Diener betreute.

Nicht nur Traum und Neurose, auch die Auffassung der Psychose Freuds scheint Dostojewski zu teilen. In dem Aufsatze „Zur Einführung des Narzißmus" sagt Freud z. B., daß der Zustand der Dementia-praecox-Kranken durch zwei Dinge gekennzeichnet sei, durch den Größen-

wahn und die vollständige Abkehr von der Realität.
Dostojewski schildert eine solche Kranke in den Dämonen.
Sie ist die einstige Geliebte Stawrogins, Maria Lebjadkin.
Als der Dichter sie uns zum ersten Male vorführt, sitzt
sie selig vor sich hinlächelnd auf einem wackeligen Stuhle,
während um sie die größte Verwahrlosung, Schmutz und
Unordnung herrschen. Eine angebissene Semmel liegt vor
ihr auf den Tisch, die sie aufzuessen schon tagelang vergißt. Während sie scheinbar an dem Gespräche der Gäste
teilnimmt, hört sie eigentlich nur jene Worte, die mit
ihren Komplexen (der Verlust des Geliebten) in irgend
einer Verbindung stehen. Der Besucher Schatow kann seinem
Gefährten ungestört über ihre Person erzählen, ihre Intro-
version ist so vollkommen, daß sie von all dem, was gesprochen
wird, nichts vernimmt. Schatow erzählt seinem Freunde,
daß der Trunkenbold Lebjadkin die kranke Schwester täglich
einige Male mit der Peitsche gräßlich mißhandelt, diese
aber von alledem garnichts zu bemerken scheint, und sich
so benimmt, als ob ihr Bruder nicht der sie quälende
Tyrann, sondern ihr Diener wäre. Sie erteilt ihm den
Befehl, Wasser zu bringen, sie zu bedienen, spricht mit
ihm überhaupt nur in befehlendem Tone, obzwar ihre
Befehle niemals befolgt werden, ihr aber stets neue Miß-
handlungen eintragen. Der Größenwahn ist also ebenso
unverkennbar, wie die Abkehr von der Realität, dabei zeigt
uns Dostojewski mit unnachahmlicher Feinheit, daß die
Verblödung der Bedauernswerten nur eine scheinbare, d. h.
affektiv bedingt ist.

Die Paranoia Goljadkins ist ebenso meisterhaft geschildert. Freud bemerkt, daß der Verfolgungswahn eigentlich

das vom übrigen Ich abgespaltete Gewissen, die Ich-
kritik als real existierend und dem übrigen Ich feindlich
gegenüberstehend empfindet. Dieselbe Projektion macht
Goljadkin. Dostojewski läßt als Korrelat des Minderwertig-
keitsgefühles den Doppelgänger vor uns entstehen. Schon
in der ersten Szene beim Arzte sehen wir, daß das unge-
nügende Selbstgefühl, die unbefriedigte Erotik, die infantile
Angst vor dem Vorgesetzten, das Motiv der Krankheit
bilden, daß der Wahn nichts Zufälliges schafft, sondern
daß Goljadkin II die Verkörperung des Gewissens von
Goljadkin I in die Realität projiziert darstellt. Dostojewski
weiß genau, daß im Wahn Sinn ist, daß die verworrensten
Reden der Geisteskranken deutbar sind.

Mehr oder weniger neurotisch sind alle Gestalten
Dostojewskis, der Schöpfer dieser Gestalten weiß aber, daß
die Neurose, wie dies Freud bewies, keinen spezifischen
Inhalt hat, und daß der Neurotiker an Komplexen erkrankt,
die dem Gesunden ebenfalls zu schaffen machen. Die
Freud'schen Mechanismen sind an den Gestalten Dostojewskis stets deutlich erkennbar. Wenn Goethe von Shake-
speares Gestalten mit Recht sagt, daß sie Uhren gleichen,
deren Gehäuse aus Glas besteht, so daß man das Uhrwerk,
die Triebräder ebenso sehen kann, wie die Stunden, so
zeigen die Gestalten Dostojewskis uns noch ein Stück mehr.
Sie enthüllen nicht nur die bewußten Triebfedern ihrer
Handlungen, nicht nur ihre bewußten Gefühle, sondern
auch ihr Unbewußtes.

So sahen wir denn Leben und Dichtung Dostojewskis
im Lichte der Psychoanalyse, und sahen wenigstens zum
Teile die Triebe, die dieses Leben und diese Dichtung

determinierten. Das Bild eines kleinen Knaben entstand
vor uns, von seiner Mutter ein wenig vernachlässigt, von
seinem Vater in enggesteckte Grenzen verwiesen. Verein-
samt im Vaterhause und in der Schule, voll heftig drän-
gender Triebe und unerfüllbarer Wünsche, voll Träumen
von Reichtum, Macht und Größe, flüchtet er aus der
Realität in die Welt der Phantasie, der Tagträume, wo
die Erfüllung aller versagten Wünsche winkt. Aus diesen
Träumereien stammen seine Dichtungen, deren Wurzel
erotische Triebe, deren Gegenstand unbewußt der Inzestwunsch ist, Leben und Dichtung Dostojewskis, seine Handlungen und Gefühle, seine Schicksale und seine Dichtung,
sie entstammen alle seinem Ödipuskomplexe.